MARKETING 6.0

PHILIP KOTLER
HERMAWAN KARTAJAYA
IWAN SETIAWAN

MARKETING 6.0

O FUTURO É IMERSIVO

Traduzido por André Fontenelle

SEXTANTE

Título original: *Marketing 6.0 – The Future is Immersive*

coordenação editorial: Juliana Souza
produção editorial: Carolina Vaz
preparo de originais: Priscila Cerqueira
revisão: André Marinho e Tereza da Rocha
diagramação e adaptação de capa: Ana Paula Daudt Brandão
capa: Wiley
imagem de capa: © Marketeers
impressão e acabamento: Lis Gráfica e Editora Ltda.

CIP-BRASIL. CATALOGAÇÃO NA PUBLICAÇÃO
SINDICATO NACIONAL DOS EDITORES DE LIVROS, RJ

K88m
Kotler, Philip, 1931-
Marketing 6.0 / Philip Kotler, Hermawan Kartajaya, Iwan Setiawan ; tradução André Fontenelle. - 1. ed. - Rio de Janeiro : Sextante, 2025.
224 p. ; 23 cm.

Tradução de: Marketing 6.0 : the future is immersive
ISBN 978-65-5564-982-6

1. Marketing. 2. Marketing na Internet. I. Kartajaya, Hermawan. II. Setiawan, Iwan. III. Fontenelle, André. IV. Título.

24-94835 CDD: 658.8
CDU: 658.8

Gabriela Faray Ferreira Lopes - Bibliotecária - CRB-7/6643

GMT Editores Ltda.
Rua Voluntários da Pátria, 45 – 14º andar – Botafogo
22270-000 – Rio de Janeiro – RJ
Tel.: (21) 2538-4100
E-mail: atendimento@sextante.com.br
www.sextante.com.br

O objetivo do marketing é sempre melhorar a vida das pessoas e contribuir para o bem comum.
– PHILIP KOTLER

A meu filho, Michael; minha filha, Stephanie; e meu neto, Darren: espero que vocês criem as experiências imersivas da próxima geração.
– HERMAWAN KARTAJAYA

À minha amada família: Louise, Jovin e Justin.
– IWAN SETIAWAN

Sumário

PARTE I

Introdução ao Marketing 6.0

CAPÍTULO 1

Bem-vindo à era do Marketing 6.0

Do multi ao oni rumo ao meta

A série de livros "Marketing X.0" explora as transformações no panorama empresarial e as consequentes mudanças na abordagem do marketing. O primeiro volume da série, *Marketing 3.0: as forças que estão definindo o novo marketing centrado no ser humano*, analisa a evolução pela qual passou o marketing em prol da humanidade. No Marketing 3.0, o cliente busca não apenas uma satisfação funcional e subjetiva mas também uma realização espiritual. Como o subtítulo indica, o livro descreve como o marketing mudou seu foco do produto (1.0) para o cliente (2.0) e depois para o ser humano (3.0).

Muito à frente da época de sua publicação, em 2010, o livro apresenta os fundamentos para atrair o consumidor moderno, que busca fazer negócios com empresas que tenham um impacto positivo na sociedade. Hoje em dia, para continuar relevante, a empresa precisa incorporar ao marketing temas sustentáveis, particularmente em relação aos Objetivos de Desenvolvimento Sustentável (ODS), adotados pela Organização das Nações Unidas. Quando alinham o marketing aos ODS, as empresas demonstram seu compromisso em solucionar os maiores problemas da humanidade.

Uma das principais funções do marketing é comunicar valor, fortalecendo a confiança do cliente e permitindo que a marca influencie comportamentos. A Procter & Gamble, por exemplo, tem tirado proveito de sua enorme visibilidade para impulsionar mudanças por meio do marketing. Uma das maiores anunciantes do mundo, a P&G promove temas como diversidade, igualdade e inclusão em ótimas campanhas de storytelling para marcas como Gillette, Always e Pampers.

O marketing também é responsável por expandir o mercado e impulsionar o crescimento. Quando produtos e serviços chegam a mercados pouco atendidos, damos um passo rumo a uma sociedade plenamente inclusiva – o propósito mais amplo dos ODS.

Um bom exemplo disso é o programa Próximo Bilhão de Usuários, adotado pelo Google para criar produtos com tecnologias adaptadas a internautas inexperientes. Graças à sua capacidade de compreender o mercado, desenvolver produtos relevantes e estimular a exploração de novas tecnologias, o Google se mostra apto a atingir esse objetivo. Um de seus produtos é o Google Lens, capaz de ler textos em voz alta para pessoas iletradas em países em desenvolvimento.

À medida que a tecnologia segue evoluindo, muda-se a maneira como o profissional de marketing interage com o consumidor. O segundo volume da série, *Marketing 4.0: do tradicional ao digital*, também estava à frente de seu tempo. A obra incentiva as empresas a se adaptarem a um panorama cada vez mais digital, cativando e fidelizando as novas gerações.

O Marketing 4.0 se inspirou na Indústria 4.0, o maior exemplo da transição rumo ao digital. Apresentada em 2011 como estratégia política do governo alemão, a Indústria 4.0 – ou quarta revolução industrial – delineia o desenvolvimento dos sistemas de produção por meio de tecnologias digitais.

O Marketing 4.0 enfatiza a importância de complementar a jornada do cliente com uma experiência de marketing digital que vá além da abordagem tradicional. A adoção de estratégias digitais, como o marketing de conteúdo e o marketing onicanal (ou *omnichannel*), tornou-se obrigatória.

O marketing de conteúdo envolve a criação e o compartilhamento de conteúdo de valor com o público-alvo, primordialmente através das redes sociais. É mais eficiente do que a publicidade tradicional, porque o conteúdo tende a ser mais relevante e produzir mais engajamento que um anúncio. A abordagem costuma ser combinada com o marketing onicanal, o processo de integração entre os canais on-line e off-line para oferecer ao cliente uma experiência mais fluida (*seamless*). Esses dois paradigmas se mostraram particularmente relevantes e valiosos para o profissional de marketing que precisou encarar os desafios imprevisíveis da covid-19.

Durante os dois anos de pandemia, dois terços das empresas de âmbito local usaram o marketing de conteúdo, aumentando o gasto total em quase 20 bilhões de dólares, segundo o Meta Branded Content Project. Da mesma forma, a Square e a revista *The Atlantic* divulgaram que mais de 75% das empresas de diversos setores – varejo, saúde, alimentação, reparos domésticos e serviços profissionais – implementaram o marketing onicanal.

Embora o marketing de conteúdo e a abordagem onicanal tenham se tornado bases essenciais da estratégia digital, avanços tecnológicos recentes estão nos levando a um patamar superior. A tecnologia central discutida no livro *Marketing 5.0: tecnologia para a humanidade* é a inteligência artificial (IA), que busca replicar a habilidade humana para resolver problemas e tomar decisões.

O Marketing 5.0 se inspirou na Sociedade 5.0, baseada no aproveitamento da tecnologia em prol do ser humano. "Sociedade 5.0" foi uma expressão cunhada em 2016 pelo governo do Japão como uma evolução natural da Indústria 4.0. Trata-se de um conceito de sociedade que alavanca tecnologias avançadas, como a IA, pelo bem da humanidade.

Ao longo de sessenta anos de história, a IA gerou opiniões polarizadas. Empreendedores receiam desde a perda de empregos até a extinção da espécie humana. No entanto, apesar dos temores e da apreensão que a IA desperta, os benefícios para o ser humano são evidentes. Com sua capacidade de analisar enormes volumes de dados, fazer previsões e entregar experiências personalizadas em grande escala, a IA está transformando rapidamente o jeito de uma empresa gerir seus negócios.

Um exemplo emblemático é a PepsiCo, que busca insights para novos sabores e produtos com base em dados digitais – postagens em redes sociais e comentários sobre receitas –, analisando-os com IA. Entre os produtos criados graças aos insights da inteligência artificial estão os biscoitos Off The Eaten Path e a bebida esportiva Propel. Na PepsiCo, a IA evoluiu rapidamente de tecnologia experimental a tecnologia aplicada ao desenvolvimento de produtos.

A IA também passou por avanços significativos desde a publicação de *Marketing 5.0*. Alcançar a inteligência artificial geral (IAG), com capacidades cognitivas semelhantes às do ser humano, ainda é uma meta complexa e desafiadora, mas há muita gente trabalhando nisso. De todo modo, a IA que temos hoje já é muito mais interativa e rotineira, e o ChatGPT, da OpenAI, representa um passo promissor nessa área. Com um modelo de linguagem altamente inteligente e interativo, o ChatGPT é capaz de facilitar a comunicação entre ser humano e máquina, ensejando uma colaboração mais efetiva.

Os avanços da IA permitiram que diversas outras tecnologias progredissem, transformando novamente o cenário dos negócios e impulsionando a evolução do marketing.

O surgimento do Marketing Imersivo 6.0

Nos últimos anos, enormes avanços tecnológicos criaram interações mais imersivas entre marcas e clientes. Esse fenômeno pode ser atribuído ao surgimento de gerações "nativas digitais", mais especificamente as gerações Z e Alfa, que já nasceram num mundo onde a internet era predominante. Esses grupos mais jovens têm uma forte afinidade com experiências imersivas, que mesclam elementos físicos e digitais. Vamos esmiuçar as características e preferências desses grupos no Capítulo 2.

A ascensão dessas novas gerações vai acarretar alterações importantes em diversos aspectos do cenário digital. Uma transformação notável são a interatividade e a imersão cada vez maiores. Clássico exemplo disso é a predominância de vídeos curtos nas redes sociais, que conquistaram o público e têm levado a um infindável rolar de telas numa experiência imersiva de visualização. Além disso, o e-commerce se tornou mais atraente, apresentando modelos inovadores que facilitam a conversa entre comprador e vendedor mediante chats e lives. O Capítulo 3 vai detalhar essas tendências e seu impacto no espaço digital.

Essas tendências, por sua vez, inspiram as empresas a proporcionar ao cliente experiências cada vez mais imersivas, que apagam as fronteiras entre os pontos de contato físicos e digitais. Ao combinar as vantagens das interações off-line (como as experiências multissensoriais e o contato entre seres humanos) e os benefícios das experiências on-line (que incluem interações personalizadas numa escala mais ampla), as empresas conseguem conferir uma imersão autêntica à jornada do cliente. Acreditamos que, nesta era pós-pandemia, uma fatia significativa das experiências do cliente continuará acontecendo no mundo físico. Há, porém, uma tendência cada vez maior de potencializar essas interações físicas com tecnologias digitais, para atender às necessidades das novas gerações. Discutiremos esse tema mais detalhadamente no Capítulo 4.

Duas tecnologias relevantes, que facilitam a potencialização dos espaços físicos com elementos digitais, são a realidade aumentada (RA) e a realidade virtual (RV). Embora ambas mesclem o espaço físico e o digital, suas abordagens são diferentes. A RA incorpora elementos digitais ao mundo real, enriquecendo o ambiente físico com camadas digitais. Isso permite que o usuário vivencie o entorno físico ao mesmo tempo que interage com um conteúdo virtual. Por outro lado, a RV cria ambientes inteiramente virtuais, possibilitando uma imersão total do usuário num mundo digital à parte.

A RA tem amplo uso em jogos eletrônicos como Pokémon Go, em que o jogador deve encontrar e capturar monstros virtuais que parecem viver no mundo real quando vistos pela tela do celular. E as empresas também aderiram com tudo a essa tecnologia. A IKEA, por exemplo, oferece ao cliente a possibilidade de "mobiliar" virtualmente a casa, pelo aplicativo do celular, antes de fazer a compra. Da mesma forma, a L'Oréal usa a tecnologia de RA para proporcionar experiências virtuais de teste de maquiagem, gerando imagens digitais que "maquiam" a cliente.

Já a RV leva a imersão a um degrau superior. O cliente pode mergulhar totalmente em ambientes virtuais que simulam experiências do mundo real de maneira quase perfeita. Empresas como Volvo e BMW usam a RV para test drives virtuais, enquanto o jornal *The New York Times* a emprega para publicar reportagens com conteúdo multimídia riquíssimo. Tanto a RA quanto a RV compõem o conceito mais amplo de realidade estendida, que permite ao usuário consumir experiências digitais dentro de um espaço físico.

De modo inverso, algumas tecnologias dão ao usuário a impressão de vivenciar o mundo real num ambiente digital. É o chamado metaverso, que representa o outro lado da experiência imersiva. Em poucas palavras, é um mundo virtual que se parece muito com o mundo físico.

As primeiras versões de metaverso surgiram no setor de games, graças à popularidade de jogos com mundos virtuais, como Roblox, Fortnite, Minecraft, Decentraland e The Sandbox. Esses mundos virtuais oferecem inclusive experiências além do game, como a realização de shows com artistas como Marshmello, Travis Scott e Ariana Grande dentro do Fortnite. No entanto, o conceito de metaverso não se limita aos jogos e ao entretenimento, pois tem o potencial de se tornar a versão imersiva das redes sociais para as gerações mais jovens.

Tanto a realidade estendida quanto o metaverso eliminam as fronteiras entre os mundos físico e digital, resultando numa experiência altamente imersiva. Damos a isso o nome de "metamarketing", a pedra fundamental do Marketing 6.0. O prefixo "meta", do grego, significa "além" ou "transcendente". Portanto, o metamarketing pode ser definido como um método de marketing que transcende as fronteiras entre os mundos físico e digital, proporcionando uma experiência imersiva em que o cliente não percebe a diferença entre um e outro (Figura 1.1).

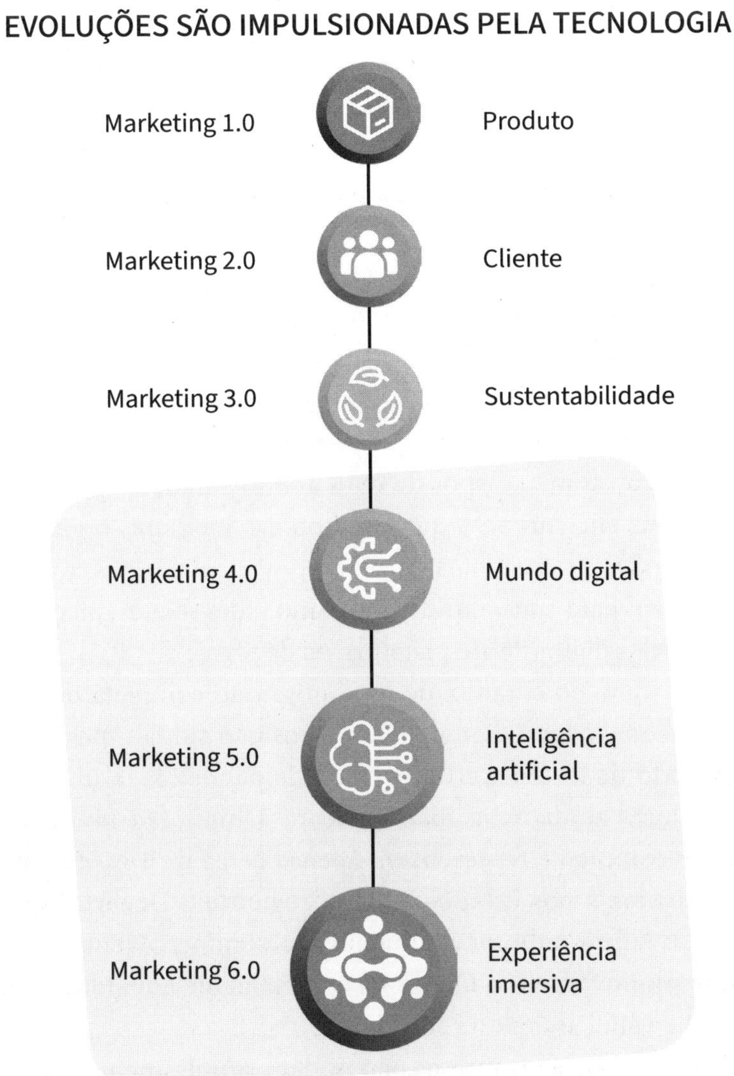

Figura 1.1 Evolução do marketing

O metamarketing como a próxima etapa do marketing onicanal

Antes da internet, o profissional de marketing precisava recorrer a plataformas tradicionais, como televisão, mídia impressa e lojas físicas, para interagir com o cliente. Por isso o marketing envolvia segmentos de mercado específicos por meio das mídias mais consumidas em geral, além da interação face a face. Porém, por causa da assimetria da informação – já que o cliente tinha um acesso limitado à informação e à interação com outros clientes –, o profissional de marketing podia contar com uma posição mais privilegiada para cativar o consumidor.

Hoje, a internet dá a esse consumidor mais opções de mídia e um maior controle sobre a decisão de compra. Ele passou a poder pesquisar on-line produtos e serviços, ler resenhas e se conectar com outros clientes nas redes sociais. Por isso, embora tenham perdido parte do poder sobre o cliente, que se empoderou, os profissionais de marketing passaram a dispor de mais acesso a dados – por conta de uma IA mais eficiente –, o que resultou em melhores segmentação e iniciativa. Os profissionais de marketing também passaram a ter mais recursos para engajar o cliente, como redes sociais, mecanismos de busca, telas digitais e até plataformas de jogos.

Não se trata, no entanto, de uma migração completa do marketing tradicional para o digital. Pelo menos não ainda. Apesar do uso generalizado da internet e do período de pandemia, a maioria dos consumidores ainda acha mais atraente a interação humana. Em 2022, o e-commerce representava apenas cerca de 15% do total de vendas do varejo nos Estados Unidos, segundo o Departamento de Comércio. A Euromonitor estima que o e-commerce tenha uma penetração muito maior na China – provavelmente a maior do planeta –, mas mesmo assim está abaixo de 30%.

Isso indica que as empresas não podem simplesmente migrar do marketing tradicional para o digital. Em vez disso, devem buscar formas de utilizar os dois canais. A Gartner, numa pesquisa com diretores de marketing nos Estados Unidos e na Europa, estimou que 56% do orçamento de marketing estava sendo gasto no ambiente digital, enquanto o restante continuava alocado em canais off-line.

Não à toa, dois dos conceitos de marketing mais populares nos últimos anos são o multicanal e o onicanal. Ambos se tornaram cruciais na oferta de uma experiência adequada ao cliente, permitindo às empresas se envolverem com o público-alvo on-line e off-line. Isso também reflete a tendência crescente de convergência entre o marketing tradicional e o digital, como foi discutido em *Marketing 4.0* e *Marketing 5.0*.

O marketing multicanal é a estratégia em que a empresa usa múltiplos canais para promover seus produtos e serviços. Entre esses canais pode estar um mix de mídias tradicionais e digitais. A meta é aumentar a visibilidade da marca e alcançar um público mais amplo. Mesmo assim, cada mídia costuma ser usada de forma independente, com mensagens e objetivos distintos. A premissa é que o consumidor tradicional e o digital passam por jornadas diferentes, e as empresas precisam interagir com eles por meio de dois tipos de experiência.

Por exemplo, uma empresa de bebidas pode usar o marketing multicanal para atingir gerações mais jovens e mais idosas. Pode usar anúncios de TV durante os programas diurnos e noturnos para alcançar um público mais velho, com uma mensagem focada nos benefícios para a saúde, e, para um público mais jovem, pode usar o Instagram, com uma narrativa voltada para a praticidade e os sabores da moda.

Nos últimos anos, porém, os profissionais de marketing se deram conta de que o consumidor moderno muitas vezes interage com as empresas tanto on-line quanto off-line, num único funil de marketing. Cada vez mais, os dois canais se complementam. No setor automotivo, por exemplo, os canais on-line são eficazes para a busca e a descoberta de produtos, não tanto para avaliação e compra. É aí que entra o marketing onicanal.

O marketing onicanal é uma abordagem mais integrada em que a empresa cria para o cliente uma experiência fluida através de todos os canais. O consumidor pode interagir com a marca por meio de qualquer plataforma (loja física, redes sociais, site, aplicativo de celular), numa troca constante. Cada canal pode desempenhar um papel diferente, impulsionando o cliente pela jornada inteira até a compra.

Vejamos a relação entre webroom e showroom. Num ambiente de webroom, o cliente pesquisa produtos on-line antes de fazer a compra numa loja física. Ele pode pesquisar na internet sobre um novo smartphone ou laptop, por exemplo, antes de ir a uma loja física para avaliar o produto pessoalmente e tomar a decisão final. Nesse caso, a mídia on-line desempenha um papel significativo no topo do funil, enquanto o canal off-line está na base, finalizando a jornada.

No cenário do showroom, o papel das mídias tradicionais e digitais se inverte. Na moda varejista, por exemplo, é comum o cliente visitar uma loja física para provar a roupa e ver se ela cai bem antes de fazer a compra no site, onde encontra um preço menor e a paleta de cores completa. A mídia tradicional vem no alto do funil e a digital, no fim.

Especialistas consideram o marketing onicanal um passo à frente em relação à abordagem multicanal porque permite que a empresa crie uma jornada do cliente ininterrupta, qualquer que seja a forma de interação com a marca. Ao entender os papéis que cada canal desempenha no caminho até a compra, a empresa pode oferecer uma mensagem e uma experiência coerentes em todos os canais, servindo melhor ao cliente. Isso, por sua vez, pode aprimorar o trabalho do marketing como um todo, aumentando a fidelidade do consumidor.

À medida que o marketing continua evoluindo, passamos a olhar além da abordagem onicanal e chegamos ao chamado metamarketing, que proporciona ao cliente uma experiência interativa e imersiva. Assim como o multicanal e o onicanal, o metamarketing também explora as experiências físicas e digitais do cliente.

A diferença é que, enquanto o marketing multicanal proporciona ao cliente canais on-line e off-line com base em suas preferências, e o marketing onicanal integra os pontos de contato físicos e digitais numa experiência fluida, o metamarketing busca criar uma jornada do cliente plenamente imersiva (Figura 1.2). Isso inclui a entrega de experiências digitais em espaços físicos e de experiências da vida real em ambientes virtuais – concretizando a convergência final entre os domínios físico e digital. Embora ainda seja um conceito relativamente novo, o metamarketing apresenta um enorme potencial às empresas que buscam se manter na vanguarda.

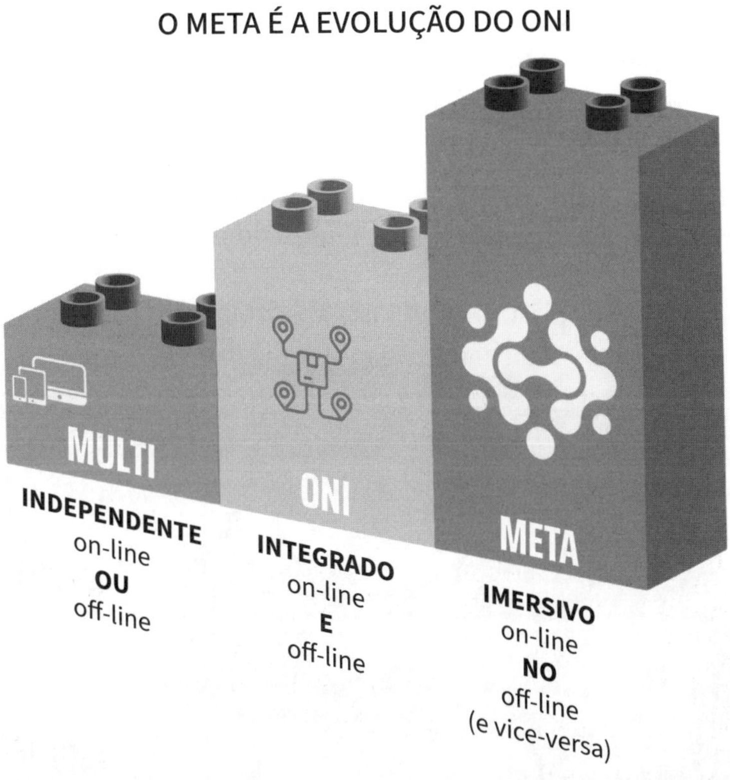

Figura 1.2 Convergência entre marketing tradicional e digital

Os tijolinhos do Marketing 6.0

O Marketing 6.0, ou metamarketing, abrange uma série de estratégias e táticas que permitem a uma empresa entregar experiências imersivas pelas mídias físicas e digitais. Para alcançar esse objetivo, o Marketing 6.0 se fundamenta em vários "tijolinhos" organizados em três camadas distintas.

A primeira camada, que serve de base, inclui os "facilitadores tecnológicos", que mesclam experiências físicas e digitais. Essas tecnologias proporcionam a fundação para a segunda camada, que consiste em dois ambientes distintos: realidade estendida e metaverso. A realidade estendida se refere a espaços físicos digitalmente aumentados, enquanto o metaverso é um mundo virtual que oferece experiências muito próximas da vida real. Por fim, a terceira camada, no topo, engloba as experiências do cliente, caracterizadas pelo engajamento multissensorial (que envolve os cinco sentidos), pelas experiências digitais espaciais e pelo marketing dentro do metaverso (Figura 1.3).

AS TRÊS CAMADAS DO METAMARKETING

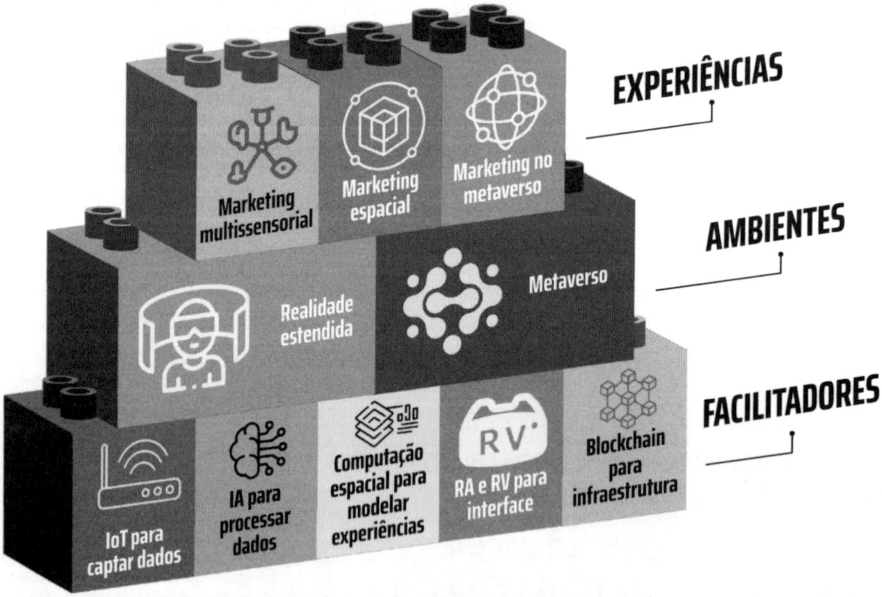

Figura 1.3 Os tijolinhos do Marketing 6.0

A camada dos facilitadores

O Marketing 6.0 é turbinado por cinco tecnologias avançadas, cada vez mais adotadas pelas empresas de todos os setores (tema que vamos explorar mais profundamente no Capítulo 5).

- **Internet das coisas**
  A IoT (do inglês *Internet of Things*) refere-se aos sensores interligados que captam dados do ambiente físico em tempo real e os transformam em informações digitais preciosas para os profissionais de marketing. Por exemplo, a tecnologia da IoT é capaz de detectar a movimentação do consumidor dentro das lojas. Isso permite que o varejista ofereça promoções instantâneas no aplicativo, desencadeadas pelo próprio comprador ao passar por corredores específicos. Ao alavancar a IoT, a empresa consegue aprimorar suas estratégias de marketing utilizando o engajamento do consumidor no tempo certo, com base na localização.

- **Inteligência artificial**
  Trata-se da capacidade dos computadores de replicar as habilidades cognitivas do ser humano. É uma tecnologia que empodera o profissional de marketing na entrega de estratégias personalizadas, caso a caso. A vantagem mais notável da IA reside em sua capacidade de operar em tempo real, captando o tempo todo dados das fontes de IoT para conhecer as preferências e os comportamentos do consumidor, o que permite ao profissional de marketing oferecer instantaneamente os produtos mais relevantes ou um conteúdo customizado para as necessidades de cada indivíduo.

- **Computação espacial**
  A computação espacial envolve uma série de tecnologias que viabilizam a interação digital no espaço físico. Sua aplicação

em lojas de varejo, como a implementação de "provadores inteligentes", reforça a experiência de compra, proporcionando aos clientes interatividade e imersão. Esses provadores virtuais são capazes de identificar instantaneamente as roupas que o cliente seleciona, fazendo recomendações de estilo personalizadas e permitindo a prova virtual. A computação espacial é decisiva para permitir a fusão inigualável entre as experiências digitais e físicas.

- **Realidade aumentada e realidade virtual**
  As tecnologias RA e RV estão revolucionando nossa forma de engajamento com o conteúdo digital. A RA proporciona ao consumidor uma experiência interativa e imersiva, permitindo que ele explore virtualmente os produtos e visualize a aparência e o funcionamento deles em ambientes da vida real. Por exemplo, o cliente pode provar sapatos virtualmente para ver como ficariam nos pés. Por outro lado, a RV é utilizada para objetivos práticos de treinamento, como a formação de representantes de serviço ao cliente, por meio de simulações e cenários práticos.

- **Blockchain**
  O blockchain é uma tecnologia revolucionária que prepara o terreno para a internet descentralizada. Empodera os criadores de conteúdo, pois lhes dá o comando desse conteúdo produzido, eliminando a dependência das plataformas de redes sociais, que são centralizadas. Essa tecnologia serve como base para metaversos em que o conteúdo e a governança são detidos e controlados por uma comunidade de usuários. Com o blockchain, os metaversos podem estabelecer economias robustas, que têm até moeda própria e sistemas de comércio para transações fluidas de bens virtuais.

A camada dos ambientes

O Marketing 6.0 gira em torno da criação de ambientes imersivos, tanto no domínio físico quanto no digital. Embora o ambiente físico continue sendo o principal meio para a entrega de experiências ao cliente, as empresas precisam reimaginar esse espaço, incorporando experiências digitais que garantam sua relevância futura. Esses espaços físicos turbinados digitalmente são chamados de "realidades estendidas".

As tecnologias digitais levam os espaços físicos a um novo patamar de imersão, permitindo que as empresas tornem as transações mais fluidas e ofereçam um checkout rápido e sem obstáculos, semelhante ao dos sites de e-commerce. Além disso, são tecnologias que permitem um engajamento mais personalizado através de telas interativas. O profissional de marketing pode engajar o comprador com múltiplas telas, exibindo recomendações personalizadas e possibilidades de interatividade touchscreen.

Além disso, as tecnologias digitais possibilitam ao cliente descobrir produtos de modo inovador, transformando a pesquisa dentro da loja numa experiência envolvente. Um exemplo é o uso de aplicativos de celular com "modo in-store", que permitem ao cliente escanear QR codes em cada produto e acessar informações e inúmeros detalhes. Vamos esmiuçar essas melhorias digitais no Capítulo 6.

No Marketing 6.0, também nos debruçamos na exploração do metaverso, que se refere a mundos virtuais totalmente funcionais e semelhantes ao mundo real. Avatares representam pessoas e ativos virtuais lembram objetos físicos. Considera-se o metaverso a forma mais recente de rede social, atraindo a atenção e o engajamento das gerações Z e Alfa.

O metaverso pode ser dividido em dois tipos: descentralizado e centralizado. O primeiro tipo opera sob a governança de uma comunidade de usuários conectados por meio da tecnologia blockchain. Por outro lado, o metaverso centralizado é gerido por uma única entidade. Apesar das dúvidas e do ceticismo que rondam especialmente o metaverso descentralizado, é preciso reconhecer seu potencial de transformar a maneira como as empresas proporcionam experiências imersivas aos clientes.

A camada das experiências

Na era do Marketing 6.0, o profissional de marketing pode proporcionar ao cliente três tipos de experiência, que vamos analisar mais a fundo nos Capítulos 8 a 10. O primeiro tipo é a experiência de marketing multissensorial. Envolver os cinco sentidos pode ser um jeito poderoso de despertar emoções positivas e influenciar comportamentos. Empresas como a Starbucks vêm tirando proveito dessa abordagem há vários anos, com lojas visualmente atrativas, música ambiente, aromas e sabores de café personalizados, assentos confortáveis e copos agradáveis ao toque.

No entanto, com a ascensão das mídias digitais, o marketing multissensorial costuma ficar restrito aos dois sentidos mais dominantes: a visão e a audição. Embora a tecnologia de realidade estendida multissensorial possa incluir estímulos olfativos e táteis, isso ainda não se tornou a regra.

No Marketing 6.0, portanto, é fundamental mesclar experiências digitais e multissensoriais, particularmente quando a fadiga digital se instala e o consumidor passa horas e horas interagindo com telas e recebendo quantidades enormes de conteúdo. Conjugar experiências físicas e digitais pode criar uma experiência mais memorável e envolvente, além daquilo que é possível com apenas um desses meios.

O segundo tipo de experiência é o marketing espacial. Ele está revolucionando a maneira como as empresas interagem com o cliente, integrando de forma invisível objetos físicos e comportamento humano. Ao tirar proveito da tecnologia e do design de interiores, as empresas conseguem criar uma experiência mais imersiva para seus clientes. Imagine uma loja de varejo que exiba vídeos publicitários enquanto você caminha, ou um restaurante onde a iluminação e o ambiente mudem de acordo com a hora do dia. Com o marketing espacial, as empresas podem automatizar aparelhos, sincronizando-os aos movimentos humanos e proporcionando experiências personalizadas que deixam uma impressão duradoura.

Por fim, a iniciativa mais experimental é o marketing no metaverso. Trata-se de um conceito relativamente novo, surgido por volta de 2021. Os metaversos existem, antes de tudo, como plataformas de jogos ou entretenimento, o que leva muitas marcas a incluir a publicidade in-game na estratégia geral de mídia. Marcas globais, como Nike, Coca-Cola e Samsung, foram pioneiras nisso, oferecendo colecionáveis digitais e engajamento virtual nos metaversos disponíveis atualmente.

O marketing no metaverso pode parecer implausível para a maioria das gerações. Mas para as gerações Z e Alfa é algo natural, pois esses jovens nasceram e cresceram em meio ao desaparecimento das fronteiras entre o mundo tradicional e o virtual. São gerações "nativas digitais", acostumadas às interações virtuais e aos ambientes imersivos multitela. Pode-se até considerar a geração Alfa uma "nativa da IA" e "nativa do metaverso", pois cresceu numa era de assistentes virtuais, feeds sociais personalizados e jogos que constroem mundos digitais.

Resumo: Do multi ao oni rumo ao meta

Ao longo de sua evolução, o marketing passou a se preocupar com os desafios do planeta e com as novas expectativas do cliente. Incluir temas de sustentabilidade e novas tecnologias para engajar o consumidor é essencial para que as empresas permaneçam relevantes.

O marketing migrou do tradicional para o digital, mas a maioria dos consumidores ainda dá valor à interação humana. Em razão disso, os modelos de marketing multicanal e onicanal se tornaram populares entre os profissionais de marketing que buscam alavancar, ao mesmo tempo, o engajamento tradicional e o digital.

O metamarketing vai além e oferece uma autêntica convergência entre o físico e o virtual, propiciando ao cliente uma experiência mais interativa e imersiva em ambos os domínios. O metamarketing é cada vez mais importante para engajar as gerações Z e Alfa, por isso as organizações precisam começar a aderir a esse modelo.

PERGUNTAS PARA REFLEXÃO

- Você está pronto para migrar do marketing onicanal para o metamarketing? Explore os possíveis obstáculos que podem impedi-lo de criar uma experiência mais interativa e imersiva.
- Observe os jovens das gerações Z e Alfa à sua volta e as tecnologias que utilizam no cotidiano. Pense no que os leva a passar tanto tempo em mundos virtuais. Em seguida, explore a melhor forma de engajamento com eles, que serão seus principais mercados nas próximas décadas.

CAPÍTULO 2

A ascensão dos nativos figitais

Os jovens das gerações Z e Alfa chegam à maturidade

Nos últimos dez anos, os profissionais de marketing deram tratamento privilegiado à geração Y, os chamados millennials, em razão do alto poder aquisitivo desse imenso público. O marketing ajustou suas estratégias para se adaptar às principais características da geração Y, como o intenso foco na sustentabilidade e o gosto pela tecnologia.

Foram criadas muitas campanhas que enfatizavam produtos que não agridem o meio ambiente e iniciativas de responsabilidade social. Grifes como Patagonia e Everlane, por exemplo, exploraram o mindset dos millennials priorizando materiais reciclados e sustentáveis e tornando-se, assim, a antítese do setor de fast fashion.

Profissionais também tiraram proveito de táticas de marketing digital, explorando redes sociais e motores de busca, para atingir a geração Y. Até mesmo empresas de moda de luxo, como LVMH e Kering, tradicionalmente conhecidas pelo investimento pesado em experiências off-line, transferiram metade do orçamento de marketing para as mídias digitais. A migração rumo ao digital permitiu que essas marcas atingissem um público de millennials mais amplo.

As estratégias de marketing evoluíram e se tornaram mais sustentáveis, digitais e sociais para se adaptarem à influência cada vez maior dos millennials. Mas não pararam por aí: agora os esforços estão sendo ampliados para engajar também um público mais jovem: as gerações Z e Alfa.

Fisgando os nativos figitais

Os profissionais de marketing hoje em dia concentram-se cada vez mais nas gerações Z e Alfa, verdadeiros *nativos digitais* que cresceram num mundo onde a internet é a regra. A geração Z, nascida entre meados dos anos 1990 e o início dos anos 2010, surgiu na era digital e é altamente adaptável a novas tecnologias. Espera-se que a geração Alfa, o grupo seguinte nascido depois de 2010, seja ainda mais hábil digitalmente, por ter sido criada por pais que também entendem de tecnologia. Ao todo, isso representa mais de 4 bilhões de pessoas em todo o planeta, o que faz delas um mercado-chave para as marcas.

Embora compartilhem algumas semelhanças com a geração Y em termos de conhecimento digital, as gerações Z e Alfa têm suas particularidades (Figura 2.1). A geração Y, que vivenciou a internet num momento mais tardio da vida, costuma encará-la como uma simples ferramenta. As duas gerações seguintes, por sua vez, tendo crescido com a presença constante da internet, a consideram parte integrante da vivência cotidiana. Esses jovens estão o tempo todo conectados, por meio de múltiplas telas, mesmo em ambientes sociais. Em razão disso, possuem um grau mais profundo de imersão em ambientes digitais. Os profissionais de marketing precisam, portanto, repensar a forma de engajamento com eles.

Em razão de toda essa imersão em estímulos digitais e da avalanche de mensagens voltadas para elas, as gerações Z e Alfa possuem uma capacidade de atenção mais seletiva. Isso resultou numa preferência por conteúdo personalizado e na tendência a ignorar mensagens irrelevantes. Esses jovens também pulam publicidades mais longas e dão preferência a conteúdos em formatos curtos, memes e emojis.

Apesar disso, são capazes de passar horas maratonando séries na Netflix e ficar profundamente absortos em jogos on-line com os amigos. Isso indica que conseguem manter a atenção quando o conteúdo tem alto engajamento e é personalizado para seus gostos.

A ascensão do TikTok é um exemplo disso. A popularidade do formato curto e do poderoso algoritmo de personalização voltado para a geração Z levou o Instagram e o YouTube a correrem atrás

O PERFIL PECULIAR DAS GERAÇÕES Z E ALFA

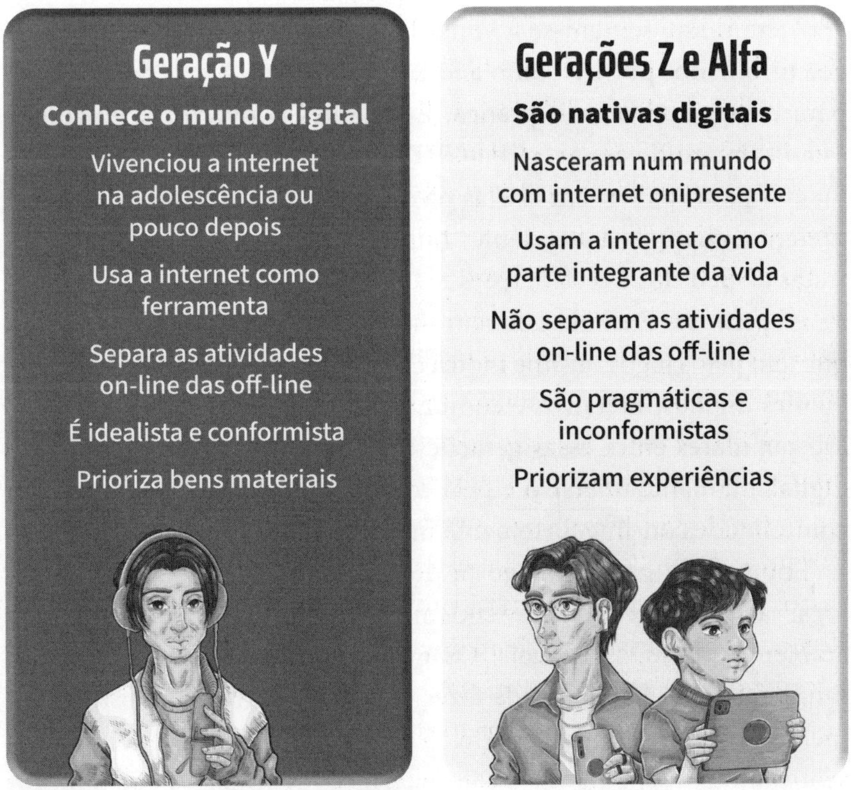

Figura 2.1 Diferenças entre as gerações

com suas próprias versões, batizadas respectivamente de Reels e Shorts. Essas novas plataformas atendem à atenção seletiva, permitindo rolar conteúdos curtos incessantemente nas redes sociais. A preferência por conteúdos breves e visuais também se estende ao comportamento de busca na internet: a geração Z prefere plataformas como YouTube, Instagram e TikTok à tradicional navegação no Google.

Poderíamos argumentar que essa forte preferência por conteúdo ultrapersonalizado significa que as gerações Z e Alfa são *nativas da inteligência artificial*. Embora não sejam necessariamente mais conhecedoras da tecnologia da IA que as demais gerações, elas cresceram enxergando o valor do compartilhamento de seus dados em troca de experiências mais contextualizadas e customizadas.

Além disso, sentem-se à vontade interagindo com assistentes de voz turbinados por IA, como a Siri, da Apple, e a Alexa, da Amazon, para tornar a vida mais prática. Estudantes e jovens trabalhadores estão começando a usar o ChatGPT ou modelos de linguagem semelhantes para auxiliar em tarefas na escola ou no trabalho. Alguns até preferem chatbots a atendentes humanos de serviço ao cliente para tratar de pedidos e reclamações mais simples.

As gerações Z e Alfa também são *nativas do metaverso*. O apreço que têm pelos jogos on-line indica como se sentem à vontade em ambientes digitais imersivos e comunidades virtuais. Jogos eletrônicos são populares entre essas gerações, que são atraídas pelo conteúdo digital altamente imersivo e pela competição com seus pares e com comunidades on-line fortemente interligadas.

Enquanto a geração Y gosta de se reunir presencialmente para jogar, as gerações Z e Alfa tendem a se conectar remotamente, em ambientes de jogos virtuais. Os grupos mais jovens também têm uma probabilidade maior de fazer compras dentro dos games, para melhorar seus avatares e aperfeiçoar a experiência. Além disso, não se incomodam em interagir com interfaces de usuários que utilizam tecnologias de realidade aumentada e realidade virtual.

No entanto, engajar as gerações mais jovens não significa necessariamente se concentrar apenas nas experiências on-line. Na verdade, pesquisas recentes mostram que a geração Z, apesar da fama de nativa digital, ainda gosta de fazer compras em lojas físicas. Um levantamento da McKinsey abrangendo 25 categorias de produtos revelou que, embora faça muitas compras on-line, a geração Z nos Estados Unidos tem mais probabilidade de fazer compras em lojas físicas do que a geração Y.

De modo semelhante, uma pesquisa da A.S. Watson – o maior grupo varejista de saúde e beleza do planeta – mostrou que a geração Z prefere fazer compras off-line de produtos de beleza, mencionando os aspectos de experiência e interação social das lojas físicas como atrações decisivas. Esses jovens também procuram lojas físicas aperfeiçoadas pela tecnologia, além de aplicativos que integrem o on-line ao off-line, buscando uma experiência de compras mais fluida e imersiva.

O motivo dessa conclusão aparentemente contraditória é simples. Sendo nativas digitais, as gerações Z e Alfa não enxergam fronteiras entre os mundos físico e digital no cotidiano. Por exemplo, podem fazer compras em lojas físicas e ao mesmo tempo checar os preços no smartphone – passando de forma natural do off-line para o on-line. Também são capazes de iniciar com fluidez uma conversa presencial e continuar a discussão em aplicativos de mensagens, ou assistir a shows e compartilhar a experiência ao vivo nas redes sociais. Esse fenômeno foi batizado de *figital* – um híbrido de físico e digital.

Apesar da pouca idade, as gerações Z e Alfa representam uma base de consumidores sofisticada, que exige uma abordagem de marketing avançada. Como clientes, esses jovens abraçam verdadeiramente experiências interativas e imersivas, on-line e off-line. São aquilo que chamamos de *nativos figitais* (Figura 2.2). Portanto, os profissionais de marketing precisam adotar as tecnologias mais modernas para engajar esse público, sem negligenciar os pontos de venda físicos tradicionais.

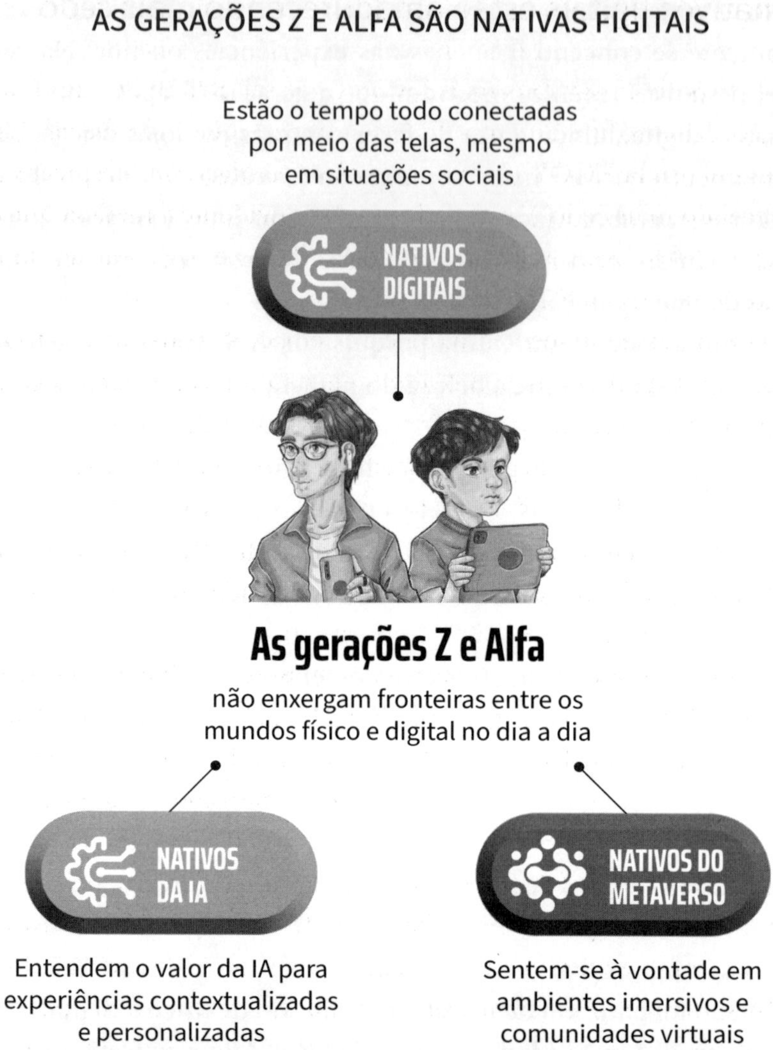

Figura 2.2 Os nativos figitais

Os nativos figitais estão amadurecendo mais cedo

A sofisticação dos grupos mais jovens pode ser atribuída a uma aceleração do amadurecimento. Esse fenômeno, que é conhecido em inglês pela sigla KGOY (*kids getting older younger*, ou "crianças envelhecendo mais cedo"), está cada vez mais evidente à medida que as gerações mais jovens adotam comportamentos e preferências geralmente associados a faixas etárias superiores.

Isso inclui adolescentes que se vestem com sofisticação, usam maquiagem, conversam como adultos e dão início a relacionamentos românticos mais precocemente que as gerações anteriores. Além disso, as crianças começam a usar mais cedo produtos tecnológicos, como smartphones e tablets, e a consumir conteúdo não infantil em plataformas de mídia. Mas esse amadurecimento precoce vai além de se vestir e fazer compras como as gerações mais velhas.

Em geral, as pessoas passam por quatro etapas na vida: *basilar*, *propulsora*, *fomentadora* e *final*. Cada uma dura aproximadamente vinte anos:

- A etapa *basilar* se concentra no aprendizado e na formação da identidade por meio da educação e dos relacionamentos sociais.
- A etapa *propulsora* envolve a transição do aprendizado para o trabalho, a tomada de riscos e a exploração da vida enquanto se constrói uma carreira e se inicia o envolvimento em relacionamentos amorosos.
- A etapa *fomentadora* é caracterizada pela estabilidade, pela formação de uma família, pelo sustento de outras pessoas e pela contribuição para a sociedade.
- Por fim, a etapa *final* abarca a adaptação à velhice, a gestão da saúde e dos relacionamentos, o desfrute de atividades prazerosas e a transmissão de sabedoria às gerações mais jovens.

As gerações Z e Alfa estão vivenciando uma aceleração das etapas da vida, adotando mentalidades maduras em idades mais precoces. Demonstram maior disposição para assumir riscos e aprender por meio de experiências práticas, passando simultaneamente pelas etapas *basilar* e *propulsora* durante o desenvolvimento pessoal. O desejo de contribuir para a sociedade e alcançar o equilíbrio entre vida pessoal e profissional, que costuma se manifestar na fase *fomentadora*, já está presente em muitos integrantes da geração Z aos 20 e poucos anos.

A tendência KGOY tem origem em vários fatores. Em primeiro lugar, as gerações mais jovens têm acesso mais fácil à informação por meio da internet. Além disso, as marcas voltadas para públicos mais jovens em setores como moda, alimentação, bebidas, eletrônicos e beleza passaram a lhes apresentar mais cedo seus produtos.

O estilo de criação também tem um impacto significativo no comportamento. Por exemplo, os pais das gerações X e Y geralmente incentivam os filhos – pertencentes às gerações Z e Alfa – a assumir mais responsabilidades adultas em casa. Todos esses fatores levam a um amadurecimento mental e emocional mais rápido.

As características dos nativos figitais

O fenômeno KGOY tem efeitos significativos sobre as características das gerações Z e Alfa. Esses jovens são altamente pragmáticos e pesquisam minuciosamente informações na internet antes de tomar decisões. Priorizam a autenticidade e são atraídos por marcas cujos valores estão alinhados aos seus. Além disso, buscam o desenvolvimento pessoal mais precocemente e investem tempo na construção de uma persona on-line (Figura 2.3). Ao entender esses perfis psicográficos e comportamentais amadurecidos, os profissionais de marketing podem posicionar melhor suas marcas no imaginário das gerações mais jovens.

Figura 2.3 As características dos nativos figitais

Atitude pragmática e tomada de decisões

A geração Z cresceu durante a Grande Recessão americana (2007-2009) e testemunhou as dificuldades financeiras de pais e irmãos mais velhos. Por isso é mais consciente em relação ao dinheiro do que a geração Y. São jovens que têm interesse em aprender sobre finanças pessoais, economizar e investir para o futuro.

A cautela também se evidencia no ambiente de trabalho. Funcionários da geração Z são mais realistas em comparação com os colegas da geração Y, que são idealistas. Eles tendem a priorizar a segurança no emprego em vez de buscar o emprego dos sonhos ou altos salários, especialmente por temerem uma recessão iminente e demissões generalizadas. Segundo um relatório da Glassdoor, os trabalhadores mais jovens são cada vez mais atraídos por empresas maiores e consolidadas, diferentemente dos millennials, que costumam ser atraídos pelas startups da moda.

A geração Z também costuma tomar decisões mais bem fundamentadas e avaliar produtos e serviços em fontes on-line e off-line. Em consequência, tem bom senso e compreende bem o valor das coisas – concentrando-se no preço e na qualidade em vez de confiar apenas nas marcas. Em termos de valor, esses jovens dão mais importância aos benefícios funcionais do que ao apelo emocional.

Ao contrário da geração Y, que tende a gastar mais em consumo materialista, as gerações Z e Alfa gastam mais em experiências como viagens, jogos, saúde, bem-estar, eventos e shows ao vivo e atividades comunitárias.

Em vez de valorizar bens materiais, as gerações mais novas estão mais propensas a investir em si mesmas, dando maior importância ao crescimento pessoal obtido com as experiências. Essa preferência combina bem com a economia do compartilhamento, permitindo que tenham acesso a bens e serviços sem a necessidade de possuí-los, por meio de empresas como Uber e Airbnb.

Essa atenção ao valor também apresenta desafios significativos tanto para as marcas consolidadas quanto para as tradicionais, que dependem da reputação e da história para atrair clientes. As gerações mais jovens são menos propensas a se deixarem influenciar pela notoriedade da marca e tendem a buscar novidades e experiências originais que atendam às suas necessidades específicas. Por esse motivo, as marcas devem inovar a experiência do cliente se quiserem permanecer relevantes.

Os profissionais de marketing precisam levar em conta esse espírito pragmático na hora de criar experiências para clientes mais jovens. A conveniência se sobrepõe a recursos chamativos e pontos de contato desnecessários. Mesmo as interações imersivas e de alta tecnologia devem ser objetivas e práticas. As experiências do metaverso que exigem dispositivos caros e etapas adicionais podem não dizer grande coisa a esses jovens consumidores.

Autenticidade e relacionamento com as marcas

A natureza pragmática das gerações mais jovens influencia suas conexões com as marcas. Ao contrário da geração Y, que é mais conformista e muitas vezes cede à pressão dos pares para se encaixar, as gerações Z e Alfa gravitam em torno de marcas alinhadas aos seus valores.

Por exemplo, esses jovens são mais propensos a apoiar marcas que demonstram responsabilidade ambiental e práticas éticas, como a TOMS Shoes, que doa um par de sapatos para cada par vendido. Para essa clientela, o consumo está intimamente ligado à sustentabilidade.

Representando a maior diversidade racial e étnica da história dos Estados Unidos, as gerações Z e Alfa são incrivelmente inclusivas, fazendo amigos on-line e off-line. Adoram a harmonia e a sinergia com as pessoas ao redor: família, amigos, colegas de trabalho e comunidades. No trabalho, a geração Z tende a evitar confrontos, dar preferência ao diálogo e aceitar diferentes pontos de vista.

São gerações que também valorizam as marcas que defendem o chamado DEI na cultura corporativa: diversidade, equidade e inclusão. No ambiente de trabalho, tornou-se essencial a adesão dos empregadores a esses valores para atrair e reter funcionários mais jovens.

Por exemplo, a Microsoft implementou iniciativas para aumentar a representação de mulheres e minorias no setor de tecnologia. Outras empresas de destaque, como Johnson & Johnson e Procter & Gamble, também são reconhecidas pelo compromisso com o DEI.

Os jovens também esperam que as marcas sejam realistas. A geração Z reconhece e rejeita a irreal perfeição representada na publicidade tradicional. Em vez disso, prefere marcas que reconheçam as imperfeições. Essa preferência pode ser vista no setor de beleza, por exemplo, cujos clientes têm trocado os cosméticos pelos cuidados com a pele e a aparência natural, como relatado pela Kantar.

Essa tendência também é clara nas redes sociais. A geração Y prefere conteúdo profissional, enquanto as gerações Z e Alfa tendem a se identificar com um conteúdo mais amador e sem filtros, em plataformas como TikTok e Instagram. Os grupos mais jovens querem ver momentos não roteirizados em situações da vida real, não num estúdio. O conteúdo gerado pelo usuário (CGU) é uma forma poderosa de as marcas aproveitarem esse desejo de autenticidade.

Expressão individual e personas digitais

As gerações mais jovens aspiram ao mesmo grau de autenticidade que exigem das empresas. Apesar da pressão conformista trazida pela cultura das redes sociais, as gerações Z e Alfa estão abraçando a individualidade e a expressão de si mesmas. Encarnam a diversidade não apenas no mundo real mas também no âmbito digital.

Muitos jovens dedicam várias horas do dia à criação de identidades digitais bem definidas, usando seus smartphones, computadores e até mesmo consoles de videogame. Em plataformas como TikTok e Instagram, os usuários exibem sua individualidade por meio de fotos e postagens, e também pelos perfis que são seguidos. Alguns até usam pseudônimos e pagam por avatares personalizados em jogos como Fortnite e Minecraft, para fortalecer ainda mais suas personas on-line.

O "desafio Dolly Parton", um meme que viralizou nas redes sociais em 2020, ilustra o esforço que fazemos para criar autoimagens digitais. O desafio pedia que as pessoas compartilhassem quatro fotos, cada uma representando a imagem que passam no LinkedIn, no Facebook, no Instagram e no Tinder. Até empresas entraram na brincadeira, demonstrando como adaptam a própria imagem para se adequar a diferentes plataformas.

Estudos sugerem que a geração Y apresenta uma persona muito diferente para cada rede social, refletindo a tendência de usar plataformas específicas para públicos e objetivos diferentes. Em contrapartida, a geração Z usa imagens mais uniformes para criar uma persona coerente em qualquer ambiente digital.

Esse fenômeno tem levado as plataformas mais recentes a ampliar seus recursos, tornando-se multifuncionais. Um exemplo é o TikTok, que começou como uma plataforma voltada para o entretenimento, mas desde então se expandiu para abranger vendas por transmissões ao vivo, busca de empregos por meio de recursos como o TikTok Resumes, além de servir como mecanismo de busca alternativo para a geração Z.

As gerações mais jovens também estão adotando cada vez mais plataformas de comunidade, como Reddit, Discord e Twitch, além das plataformas de feed, como TikTok, Instagram e X (antigo Twitter). Na verdade, o primeiro tipo geralmente oferece mais anonimato e privacidade de dados, uma preocupação cada vez maior entre a juventude.

Mas essas plataformas são populares entre os mais jovens porque atendem a nichos de interesse e subculturas, proporcionando uma experiência on-line mais personalizada. Mais importante que isso, oferecem oportunidades de experiências interativas. Tendem a contar com comunidades mais engajadas e ativas, permitindo que o usuário se conecte com pessoas que pensem como ele.

Resumo: Os jovens das gerações Z e Alfa chegam à maturidade

Os profissionais de marketing adaptaram suas estratégias para atender aos millennials, concentrando-se na sustentabilidade e nas táticas de marketing digital. Agora, devem voltar sua atenção para as gerações mais jovens, nativas digitais que preferem experiências interativas e imersivas, tanto on-line quanto off-line.

As gerações Z e Alfa estão adotando mentalidades e comportamentos maduros mais rapidamente que as gerações anteriores. São altamente pragmáticas, valorizam a autenticidade e buscam a autoexpressão numa idade mais jovem. É, portanto, essencial que os profissionais de marketing entendam esses perfis para posicionar melhor suas marcas.

PERGUNTAS PARA REFLEXÃO

- As gerações Z e Alfa estão se tornando cada vez mais *figitais*. Como equilibrar sua demanda por experiências digitais hiperpersonalizadas com seu desejo de pontos de contato físico?
- Considerando que os jovens têm amadurecido mais rápido, como as marcas podem comunicar seus valores de maneira eficaz e se engajar com esses grupos, mantendo-se ao mesmo tempo fiéis ao próprio posicionamento?

CAPÍTULO 3

A inevitabilidade do marketing imersivo

Cinco microtendências que levam ao metamarketing

Já que os estilos de vida digitais se tornaram parte integrante do cotidiano das gerações Z e Alfa, as empresas precisam se adaptar se quiserem se manter relevantes. Para isso é necessário acompanhar as mudanças fundamentais que ocorreram no marketing.

São cinco os elementos essenciais para o marketing no mundo digital, sendo o primeiro deles o *conteúdo*: informações criadas, consumidas e compartilhadas nas mídias digitais. O conteúdo pode assumir a forma de material escrito, como mensagens, comunicados à imprensa, artigos, newsletters, white papers, estudos de caso e até mesmo livros. Também pode ser mais visual, como imagens, infográficos, histórias em quadrinhos, gráficos interativos, slides, jogos, vídeos e filmes, inclusive longas-metragens.

O segundo elemento são as *redes sociais*, que se tornaram o principal canal de distribuição e amplificação de conteúdo. Segundo uma pesquisa da Morning Consult de 2022, 98% da geração Z nos Estados Unidos usava redes sociais; 71% as usava por três horas ou mais diariamente. As cinco redes sociais mais populares entre a geração Z são YouTube, Instagram, TikTok, Snapchat e Facebook.

Enquanto as redes sociais são antes de tudo um canal de comunicação, o terceiro elemento, o *e-commerce*, é um canal de vendas. O mercado de e-commerce americano é o segundo maior do mundo, atrás apenas do chinês. De acordo com o Departamento do Censo dos Estados Unidos, a estimativa de vendas de e-commerce em 2022 ultrapassou 1 trilhão de dólares, representando 14,6% do total de vendas no país. Entre os principais atores do e-commerce americano estão Amazon, eBay e Walmart.com.

Os dois últimos elementos são facilitadores fundamentais do marketing no mundo digital. A *inteligência artificial*, o quarto elemento, desempenha um importantíssimo papel de bastidor. Ela garante, por exemplo, que o conteúdo atinja o público pretendido nas redes sociais; analisa o comportamento e os interesses do usuário, fornecendo conteúdo personalizado para segmentos específicos; e opera dentro de qualquer plataforma de e-commerce, oferecendo aos usuários recomendações apropriadas de produtos.

O quinto e último elemento são os *dispositivos*, sendo o smartphone o mais importante. Smartphones e outros aparelhos, como tablets e laptops, disponibilizam acesso ao conteúdo das redes sociais e a aplicativos de e-commerce. O Pew Research Center estimou que 85% dos americanos possuem um smartphone, e aproximadamente metade possui um tablet. Graças ao amplo leque de aplicativos disponíveis para download nesses dispositivos, os usuários podem realizar várias atividades virtuais.

Em todos esses cinco elementos observamos várias transformações, algumas sutis e não tão óbvias. Cada uma dessas microtendências indica um grande movimento do marketing em direção a uma abordagem mais interativa e imersiva (Figura 3.1).

Figura 3.1 Cinco microtendências que levam ao metamarketing

Conteúdos em vídeo de formato curto

Graças ao uso generalizado de dispositivos móveis, a maneira como as pessoas consomem mídia mudou drasticamente. De sessões on-line fixas e prolongadas passou-se a centenas de sessões curtas ao longo do dia. Durante essas sessões, as pessoas vivenciam momentos impulsivos, em que optam por aprender, agir, descobrir ou adquirir produtos. Essas oportunidades de tomada de decisão em frações de segundo são chamadas de "micromomentos" pelo Google e pelo Boston Consulting Group.

O consumidor pode sacar o telefone e consumir conteúdo nas redes sociais durante esses micromomentos, que podem ocorrer durante uma viagem de metrô ou na fila do caixa. Nessas horas, as marcas precisam estar presentes e engajar os clientes potenciais, atendendo às suas necessidades com assistência e informações relevantes.

Considerando que essa janela de oportunidade é estreita, os conteúdos de formato curto são ideais para os micromomentos. Além disso, combinam com a capacidade de atenção seletiva das gerações Z e Alfa, proporcionando um modo rápido e simples de consumir informação no celular. Além disso, o formato curto permite que marcas e criadores de conteúdo produzam conteúdo rapidamente e se adaptem a tendências em constante transformação. É por isso que temos visto cada vez mais conteúdos de formato curto nas redes sociais.

Embora esses conteúdos possam assumir formas variadas, como artigos, imagens ou infográficos, os vídeos continuam sendo os favoritos. Conseguem captar rapidamente a atenção do público e transmitir mensagens complexas de maneira eficaz. Além disso, podem ser altamente envolventes, o que os torna mais compartilháveis. Com as atuais ferramentas de criação e edição de conteúdo disponíveis em plataformas como TikTok, Instagram e YouTube, nunca foi tão fácil e rápido produzir um vídeo curto.

Esses vídeos precisam permitir que o consumidor realize sua compra durante os micromomentos. Entre os exemplos mais comuns estão links ou tags que possibilitam ao consumidor comprar o produto ou serviço em destaque sem sair da rede social. Isso faz com que o cliente aja por impulso depois de consumir o conteúdo. É uma ferramenta eficaz para marcas que queiram capitalizar o interesse do público no momento da descoberta.

A Target, por exemplo, usa vídeos no Instagram para inspirar potenciais clientes durante micromomentos, apresentando novas coleções de roupa, oferecendo ideias de decoração para a casa e compartilhando receitas. Ao incluir links para os produtos em destaque nos vídeos, a Target consegue gerar mais conversões de vendas.

Concluindo, os micromomentos se caracterizam pela imersão total do cliente no conteúdo digital, com uma mentalidade de tomada de decisão. As marcas podem tirar proveito desses momentos criando vídeos curtos que prendam o público e, ao mesmo tempo, forneçam inspiração e informações relevantes (Figura 3.2).

Figura 3.2 Conteúdo em vídeo de formato curto

Redes sociais comunitárias

O cenário das redes sociais passa a impressão de relativa estabilidade nos últimos anos, com grandes marcas como Facebook, YouTube, Instagram e TikTok dominando continuamente o espaço, com pelo menos 1 bilhão de usuários mensais. No entanto, abaixo da superfície houve algumas mudanças sutis à medida que plataformas relativamente menores pegaram embalo, como Reddit, Discord e Mastodon. Essa tendência não indica necessariamente que os usuários abandonarão as grandes plataformas. Em vez disso, provavelmente alocarão tempo das redes sociais para essas plataformas menores.

Uma das principais razões dessa tendência é a preocupação cada vez maior com a privacidade dos dados ao se postar ou compartilhar conteúdo. Por conta disso, os usuários das redes sociais procuram cada vez mais participar de comunidades menores e variadas nas quais confiem e com as quais compartilhem os mesmos interesses. Eles buscam plataformas sociais que equilibrem o espaço público e o privado para terem mais controle sobre sua vida digital.

Um exemplo de plataforma comunitária é o Reddit, que serve para compartilhar e discutir conteúdo em comunidades organizadas em torno de interesses específicos, como jogos, esportes e negócios. No Reddit, o usuário pode publicar conteúdos que serão avaliados e comentados por outros usuários, gerando um sistema de classificação que determina quais publicações terão maior visibilidade.

Outro exemplo é o Discord, que hospeda chats de texto, voz e vídeo em tempo real. Inicialmente popular apenas entre os gamers, o Discord permite que os usuários de um mesmo "servidor" se comuniquem e compartilhem conteúdo. Com 150 milhões de usuários ativos por mês, o Discord não é uma plataforma pequena. No entanto, enquanto outras redes sociais funcionam como grandes espaços públicos, o Discord é organizado em comunidades separadas, chamadas "servidores". Essa tendência levou o WhatsApp a lançar um recurso semelhante chamado de "comunidades", uma ferramenta mais ampla que os "grupos", já populares, mas menores.

O exemplo mais diferenciado, porém, é o Mastodon, uma plataforma de microblog semelhante ao X, em que os usuários podem postar mensagens curtas, denominadas "toots". Mas a principal diferença é que o Mastodon é uma plataforma social descentralizada, de código aberto, administrada pela comunidade, o que significa que não é propriedade de nenhuma empresa. Em vez de ficar hospedado num servidor centralizado, como o X, o Mastodon é composto por vários servidores individuais, chamados de "instâncias", dedicados a interesses específicos.

O crescimento de redes sociais comunitárias, como Reddit, Discord e Mastodon, indica que os usuários estão procurando plataformas criadas com base em conexões reais e conversas mais profundas (Figura 3.3). Além disso, coincide com a ascensão das gerações Z e Alfa, que buscam relacionamentos autênticos baseados na confiança. Esses usuários não querem, portanto, que o conteúdo consumido nas redes sociais seja ditado pelos algoritmos das plataformas. Em vez disso, preferem deixar a comunidade de sua confiança decidir o que vão ver.

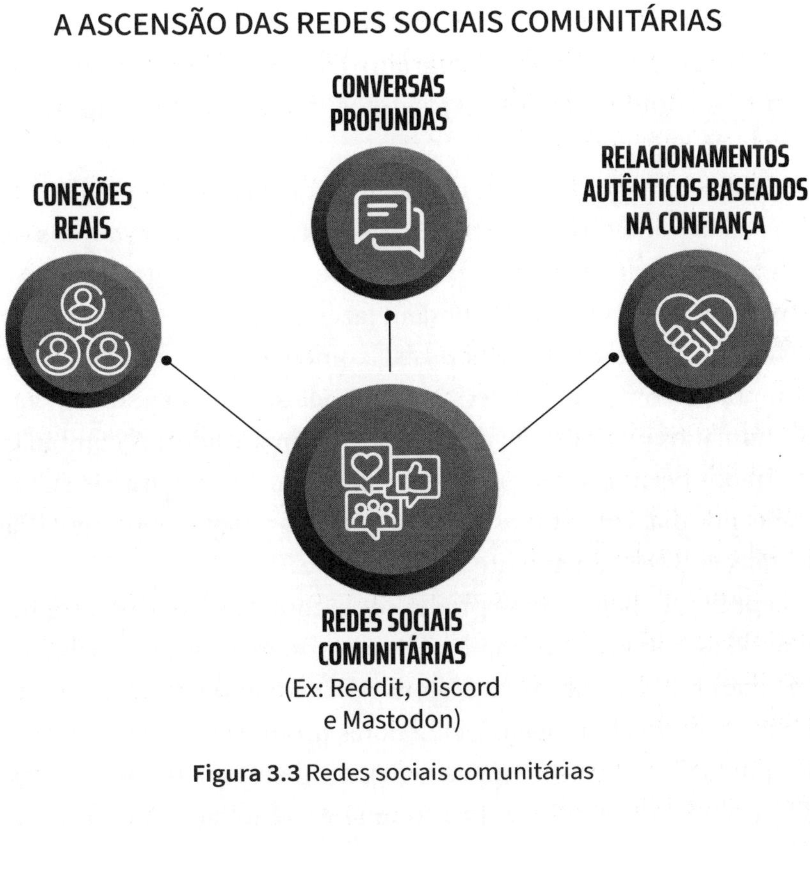

Figura 3.3 Redes sociais comunitárias

E-commerce interativo

O e-commerce, que envolve compra e venda de produtos e serviços on-line, evoluiu significativamente nos últimos anos. Em geral, as transações de e-commerce ocorrem por meio de plataformas on-line, como sites diretos ao consumidor ou mercados de intermediação. A Nike, por exemplo, vende seus produtos no próprio site e em diversos outros mercados, como Amazon e Zappos. Mas há outros modelos de e-commerce disponíveis para as empresas.

Uma tendência que vem crescendo rapidamente é o "comércio social", no qual as transações ocorrem nas redes sociais. As empresas podem transformar suas páginas nessas plataformas em vitrines de compra, criando conteúdos que estimulem o consumo e facilitem as transações. Para ensejar essa experiência fluida, redes sociais como Facebook, Instagram, TikTok e Pinterest integraram recursos como catálogos de produtos, carrinhos de compras e sistemas de pagamento.

Outro modelo de e-commerce que vem ganhando popularidade é o "comércio conversacional". Essa abordagem envolve transações diretamente em aplicativos de mensagem, como WhatsApp e o Messenger da Meta. Os clientes podem fazer perguntas e receber respostas dos vendedores em tempo real, aumentando a probabilidade de compra. O comércio conversacional pode ser conduzido com agentes humanos ou por meio de chatbots automatizados. A combinação de ambos permite que as empresas ofereçam ao cliente assistência 24 horas por dia, com respostas personalizadas, o que pode ajudá-las a fortalecer o relacionamento com o cliente.

Por fim, o mais recente modelo de e-commerce que está transformando as compras on-line é o "live commerce", que se tornou cada vez mais popular na China e agora vem ganhando força nos Estados Unidos. Nessa abordagem, vendedores promovem e vendem produtos por meio de transmissões ao vivo, como nos canais de compras da TV a cabo. Entretanto, no live commerce a interação é muito maior, pois os clientes podem interagir com os vendedores no chat ou com botões de reação, e até mesmo comprar os produtos em tempo real.

Atualmente, todas as grandes plataformas nos Estados Unidos – Amazon, Facebook, YouTube e TikTok – oferecem live commerce. Varejistas como Walmart e Nordstrom e redes de televisão como QVC e HSN também estão adotando essa abordagem.

O comércio social, o comércio conversacional e o live commerce são populares entre a geração Z. As vendas por meio desses modelos chegarão a 107 bilhões de dólares até 2025, segundo uma projeção da eMarketer. Porém, o mais relevante é que esses modelos ressaltam a importância de um conteúdo envolvente e de interações em tempo real (Figura 3.4). Os clientes atuais buscam maneiras de se envolver

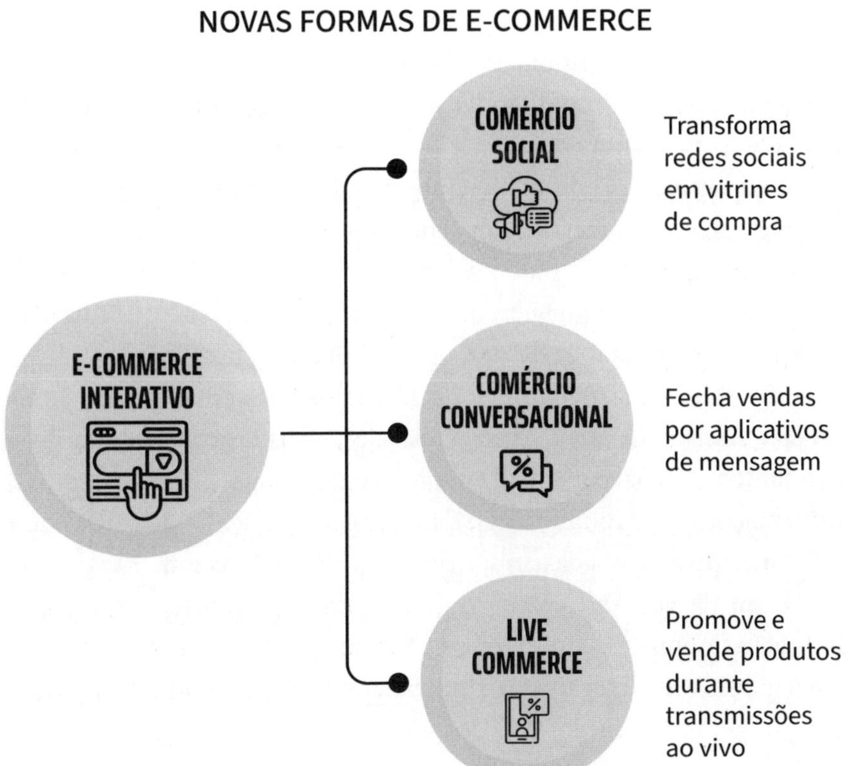

Figura 3.4 E-commerce interativo

com marcas e empresas durante a descoberta de produtos, já que isso os ajuda a tomar decisões mais fundamentadas. Em consequência, as empresas que priorizam oferecer ao cliente as experiências interativas do metamarketing provavelmente terão uma vantagem competitiva no mercado de e-commerce.

IA baseada em linguagem

Em poucas palavras, a IA utiliza algoritmos informatizados para realizar tarefas que normalmente exigem a inteligência humana. Um desdobramento interessante da IA é o processamento de linguagem natural (PLN), que treina máquinas para replicar o jeito humano de se comunicar, oralmente ou por escrito.

O PLN é um componente fundamental da IA baseada em linguagem, capaz de compreender e gerar linguagem humana. Essa IA entende as perguntas dos usuários e consegue responder de acordo com seu repositório de conhecimentos. De certa forma, atua como um parceiro de conversação, permitindo que o ser humano interaja com os computadores para acessar informações. Entre os exemplos de IA baseada em linguagem que permitem comunicações bidirecionais estão os assistentes de voz, os chatbots e o ChatGPT.

Uma aplicação frequente dessa IA são os assistentes de voz, como Google Assistente, Siri e Alexa. Com eles, os usuários podem utilizar comandos de voz para realizar tarefas específicas, como pesquisar informações no Google, enviar mensagens de texto pelo iPhone e adicionar produtos a carrinhos de compras na Amazon.

O uso da voz, em vez da digitação ou dos cliques, torna a tecnologia atraente. O fato de esses assistentes estarem disponíveis em smartphones e dispositivos domésticos também contribui para a adoção geral. Cerca de 43% dos americanos utilizam assistentes de voz, segundo estimativas da eMarketer.

O chatbot é outra aplicação popular da IA baseada em linguagem, principalmente na execução das tarefas de vendas e atendimento ao cliente. A maioria dos chatbots se encarrega de responder a consultas de acordo com um roteiro pré-programado. Também podem ser treinados para alimentar leads de vendas, fornecendo informações relevantes sobre produtos e serviços. Além de proporcionar uma experiência mais enxuta para o cliente, os chatbots aumentam a eficiência de custo para as marcas.

Para consultas básicas, a maioria dos clientes (74%) ainda prefere usar chatbots, de acordo com uma pesquisa da PSFK. Por isso, marcas líderes como Starbucks, Spotify e Sephora utilizam chatbots para a interação com os clientes. O consumidor pode facilmente pedir um café, receber recomendações de músicas e obter assistência para compras com a ajuda dessa tecnologia.

Um chatbot cada vez mais popular é o ChatGPT da OpenAI – o produto tecnológico mais rápido a atingir a marca de 100 milhões de usuários. A título de comparação, para alcançar a mesma base de usuários, o TikTok levou nove meses e o Instagram, dois anos e meio, segundo a análise da UBS com dados da Sensor Tower. De fato, a adoção da tecnologia está se acelerando. O consumidor atual não hesita em adotar novas tecnologias que tragam praticidade e melhorem sua vida.

O que distingue o ChatGPT de outros chatbots é que ele é altamente "contextual", ou seja, é capaz de compreender não apenas o que o usuário está dizendo mas também o contexto da intenção e do sentimento desse usuário. Além disso, o ChatGPT tem se mostrado excelente na geração de textos complexos e coerentes. As empresas podem, por exemplo, usar o ChatGPT para redigir textos publicitários personalizados, resumir relatórios extensos e analisar quantidades maciças de dados de clientes.

A IA e o PLN têm uma longa história. Seu desenvolvimento inicial remonta à década de 1950. Mas nos últimos anos essas tecnologias se tornaram amplamente utilizadas, com a popularidade cada vez maior dos assistentes de voz, dos chatbots e do ChatGPT, bem como o surgimento da geração Z (Figura 3.5). Essa evolução da interface homem-máquina está abrindo caminho para um metamarketing mais interativo.

FORMAS DE IA BASEADA EM LINGUAGEM

ASSISTENTE DE VOZ
Usa comandos de voz para realizar tarefas específicas. Ex: Google Assistente, Siri e Alexa

CHATBOT
Obtém respostas rápidas para consultas básicas, seguindo um roteiro pré-programado

MODELO DE LINGUAGEM DE GRANDE ESCALA
Gera textos complexos e coerentes mediante prompts. Ex: ChatGPT

Figura 3.5 Inteligência artificial baseada em linguagem

Dispositivos vestíveis imersivos

As empresas de eletrônicos estão se aventurando cada vez mais no mundo dos dispositivos imersivos – quaisquer tecnologias que permitam ao usuário experimentar conteúdos digitais como se estivesse cercado por eles.

Dois exemplos de tecnologias imersivas são a realidade aumentada e a realidade virtual. A RA sobrepõe conteúdo digital ao mundo real, permitindo que o usuário interaja simultaneamente com elementos reais e virtuais. Por exemplo, ele pode usar a câmera do smartphone para visualizar o ambiente ao redor e ver imagens digitais, como um Pokémon sobreposto ao mundo real.

Por sua vez, a realidade virtual mergulha o usuário num ambiente totalmente digital, criando uma experiência separada do mundo físico. Por exemplo, o usuário pode usar um headset de RV para entrar num mundo inteiramente digital, como um jogo de simulação, e interagir com objetos e personagens virtuais como se estivessem ali.

Os dispositivos imersivos costumam ser volumosos e caros, o que limita sua disponibilidade a um pequeno grupo de usuários profissionais. Os headsets de RV, como o Oculus Rift e o HTC Vive, por exemplo, exigem computadores potentes e são desconfortáveis para o uso prolongado.

No entanto, os dispositivos de tecnologia imersiva tendem a se tornar mais "vestíveis" e acessíveis para a maioria das pessoas. Entre os vestíveis imersivos disponíveis atualmente estão os fones de ouvido com áudio tridimensional e os óculos inteligentes.

O áudio 3D imersivo é uma tecnologia que cria a ilusão de som ao redor, simulando o som ouvido no mundo real. Por exemplo, ao escutar música em áudio 3D, o usuário sente que está ouvindo música ao vivo, com os instrumentos e vozes vindo de diferentes direções e distâncias. Alguns exemplos de tecnologia de áudio 3D são o Áudio Espacial, da Apple, e o 360 Reality, da Sony, disponíveis nos fones produzidos por essas marcas.

Outra tendência de vestível são os óculos inteligentes, como o Ray-Ban Stories, que possui recursos de áudio para atender chamadas ou ouvir música, e uma câmera para tirar fotos e gravar vídeos. Alguns, como o Echo Frames, da Amazon, e o Razer Anzu, são compatíveis com assistentes de voz, permitindo que o usuário opere os óculos com comandos de voz. Os óculos mais avançados possuem recursos de realidade aumentada, com telas integradas que projetam informações no campo de visão do usuário. Entre essas informações podem estar vídeos, mensagens e instruções de navegação.

Esses vestíveis imersivos, projetados para o consumidor, transformam a maneira como as pessoas consomem conteúdos digitais de áudio e vídeo, proporcionando uma experiência com as mãos livres. Os vestíveis oferecem os mesmos recursos e acessibilidade que os smartphones, com a diferença de que permitem ao usuário interagir com o ambiente ao redor enquanto acessa o conteúdo digital, tornando a experiência mais imersiva como um todo (Figura 3.6).

Figura 3.6 Dispositivos vestíveis imersivos

Resumo: Cinco microtendências que levam ao metamarketing

Estamos testemunhando o surgimento de microtendências em cinco áreas importantes do estilo de vida digital – conteúdos, redes sociais, e-commerce, IA e dispositivos – que refletem a preferência das gerações mais jovens por experiências mais interativas e imersivas. Os vídeos de formato curto estão se tornando predominantes para explorar "micromomentos" imersivos durante a jornada do cliente, enquanto as redes sociais estão migrando para comunidades menores e mais especializadas. O e-commerce também está se expandindo para além dos sites e mercados tradicionais a fim de incluir modalidades mais interativas, como o comércio social, o comércio conversacional e o live commerce.

Em termos de software, a IA baseada em linguagem (assistentes de voz, chatbots e ChatGPT) permite uma interação fluida entre homem e máquina, essencial para o marketing interativo. Já em termos de hardware, as empresas de eletrônicos estão criando dispositivos vestíveis cada vez mais acessíveis para proporcionar experiências digitais imersivas.

PERGUNTAS PARA REFLEXÃO

- De que modo o crescimento de plataformas comunitárias pode impactar a hegemonia das redes sociais predominantes, como Facebook e Instagram? As plataformas menores se tornarão maiores um dia ou as maiores vão se adaptar à tendência rumo às plataformas comunitárias?
- Como os aparelhos de tecnologia imersiva vão transformar o consumo de conteúdos digitais? Quais são os possíveis desafios para torná-los mais populares?

CAPÍTULO 4

O futuro da experiência do cliente

Como combinar o físico e o digital para uma imersão completa

Entre os profissionais de marketing, existe uma tendência cada vez maior de mudar o foco da criação e da venda de produtos para a oferta de uma experiência excepcional ao cliente. Essa transformação ampliou o escopo do marketing, que deixou de ter uma única função para adotar uma abordagem multifuncional, pois a experiência do cliente abrange todas as interações e os pontos de contato que ele tem com a empresa.

Isso pode incluir vários pontos de contato, como a exposição à publicidade, as buscas no Google, as caminhadas pelos corredores das lojas, o uso do produto, o uso da garantia e as discussões sobre o produto nas redes sociais. O impacto de cada ponto de contato é influenciado pelo contexto dos outros pontos, tornando a experiência do cliente holística e integrada. Portanto, a "experiência do cliente" é um conceito multifacetado maior que a soma de suas partes.

Essa migração rumo à competição pela experiência do cliente pode ser atribuída a vários fatores. Primeiro, a transparência na internet pode levar a uma comoditização mais rápida dos produtos, uma vez que clientes e concorrentes podem comparar com facilidade as características de cada produto. Isso permite que os consumidores tomem decisões bem fundamentadas e os concorrentes imitem com rapidez os principais produtos do mercado.

Hoje, as empresas precisam recorrer mais a fatores intangíveis para destacar seus produtos, pois a diferença entre os recursos tangíveis está diminuindo. Criar e lançar um novo produto, por si só, não basta. A experiência do cliente com o produto, da descoberta até a compra e o uso, tornou-se tão importante quanto o próprio produto. Diferentemente das características do produto, que são objetivas, a experiência do cliente é subjetiva. Cada cliente tem uma experiência única e pessoal, o que a torna menos suscetível à comoditização.

Outra razão pela qual a experiência do cliente se tornou uma estratégia de marketing vencedora é a redução do ciclo de vida do produto, já que as redes sociais provocam mudanças rápidas nas preferências das gerações mais jovens, determinando o que está na moda e o que é desejável. Como os produtos se tornam menos populares rapidamente, as empresas têm uma janela mais estreita para gerar receita com eles, o que levou à necessidade de lançar novos produtos com frequência. É uma missão que pode ser complicada. Proporcionar uma experiência única ao cliente, porém, pode prolongar o ciclo de vida do produto.

Mas essas não são as únicas vantagens de se inovar a experiência do cliente. Há também o aumento de receita (Figura 4.1). Melhorar a experiência do cliente leva a um maior engajamento, pois ele passa mais tempo com o produto, ficando mais propenso a pagar por ele, comprar novas unidades e compartilhar suas impressões com amigos e familiares.

A Coca-Cola, marca de renome mundial, é um excelente exemplo disso. Embora seu produto principal tenha permanecido inalterado por mais de 130 anos, a marca reinventa constantemente a experiência que o cliente tem na compra e no consumo, mantendo sua relevância entre as gerações mais jovens.

Suas campanhas sempre recorreram às últimas tendências. Por exemplo, a campanha mundial "Share a Coke" aproveitou a tendência de personalização entre as gerações mais jovens, colocando nas garrafas 250 dos nomes mais populares de cada país. Na campanha "Friendly Twist", a Coca-Cola instalou em campi universitários máquinas de venda automática abastecidas com garrafas especialmente projetadas, que só podiam ser abertas quando encaixadas e giradas junto de outra garrafa igual. Esse design inovador incentivou a interação social, que anda em queda num mundo viciado em celular.

COMPETINDO PELA EXPERIÊNCIA DO CLIENTE

Figura 4.1 A importância da experiência do cliente

Nos últimos anos, a Coca-Cola tem sido pioneira na adoção das experiências imersivas. Ela lançou a Coca-Cola Creations, uma linha de bebidas de edição limitada que reinventou o sabor icônico da Coca-Cola complementada por experiências imersivas nos ambientes físico e digital.

Uma variante dessa linha é a Coca-Cola Starlight, que simula o "sabor" do espaço sideral. Ao escanear uma lata ou garrafa dessa linha no site da Coca-Cola Creations, o usuário pode acessar um show de realidade aumentada com a cantora americana Ava Max, embaixadora da marca. Outra variante é a Coca-Cola Zero Sugar Byte, bebida inspirada nos jogos eletrônicos, que simula o "sabor" de um pixel e traz experiências imersivas. A Coca-Cola criou uma ilha virtual no jogo on-line Fortnite, que exibe o produto junto de uma coleção de minigames.

A abordagem de marketing da Coca-Cola mostra que a empresa tem consciência do valor de competir no campo da experiência do cliente. Até mesmo ao lançar novos produtos, a empresa sempre se esforça para oferecer experiências exclusivas associadas às últimas tendências e integradas aos produtos.

O futuro é imersivo

A atual abordagem de marketing da Coca-Cola demonstra que a experiência imersiva do cliente é uma tendência que está moldando o marketing moderno. As campanhas de divulgação unidirecionais não são mais eficazes para captar a atenção do público, diante do conteúdo avassalador da internet e de outras mídias. As experiências imersivas são mais envolventes, pois engajam o cliente física ou virtualmente como elemento integrante da experiência. Pense na diferença entre assistir a um show no YouTube e assisti-lo ao vivo, ou entre estudar lendo um livro e aprender numa sala de aula.

Para que a experiência do cliente seja imersiva, é preciso que haja uma coordenação meticulosa entre cada ponto de contato, a fim de proporcionar uma experiência coesa. Pense num show ao vivo em que cada ponto de contato contribua para a experiência imersiva geral do cliente.

De modo geral, cinco elementos compõem uma imersão completa: experiências multissensoriais, interativas, participativas, sem atritos e de storytelling (Figura 4.2).

Figura 4.2 Cinco elementos da experiência imersiva

A experiência multissensorial estimula os cinco sentidos e capta melhor a atenção do público. Num show de música, por exemplo, esses elementos incluem o design do palco e os recursos visuais (visão), a performance musical e os sistemas de som (audição), alimentos e bebidas (olfato e paladar) e o contato físico entre os espectadores (tato).

A experiência interativa envolve um diálogo bidirecional, enquanto a experiência participativa exige que o cliente se envolva ativamente. Entre os exemplos de interações estão os encontros e cumprimentos antes do evento e o envolvimento do público durante a apresentação do artista, tornando o show mais memorável para os participantes. O público pode, por exemplo, cantar, dançar e bater palmas ao som da música, criando uma sensação mais profunda de imersão.

A experiência sem atritos favorece a atração principal, minimizando obstáculos desnecessários. Entre os exemplos desses pontos de contato periféricos estão a compra de ingressos e mercadorias e o acesso ao local do show, que devem ser fáceis e descomplicados, para que o público se concentre no evento.

Por fim, a experiência de storytelling une todos os demais elementos numa narrativa coesa. Um exemplo disso pôde ser visto na turnê que Bono fez em 2022, "Stories of Surrender". Seus hits e monólogos foram entrelaçados com trechos de seu livro de memórias, criando uma narrativa fluida e coerente.

Quando esses cinco elementos se juntam, criam uma experiência verdadeiramente imersiva, e as empresas podem aplicar essa mesma abordagem. A Apple Store é um excelente exemplo disso. Embora os clientes possam comprar facilmente no site da marca, eles vão à loja física para ter essa experiência.

Quem vai a uma Apple Store constata que os produtos são exibidos com destaque num espaço amplo, que estimula a experimentação. Os MacBooks, especificamente, são dispostos com as telas inclinadas a 70 graus, o que faz com que os clientes ajustem o ângulo de visão e mexam com eles, criando uma experiência multissensorial.

Na loja, os funcionários cumprimentam o cliente e o ajudam a explorar os produtos. A Apple treina esses funcionários segundo uma abordagem chamada APPLE: *aproximar-se* do cliente, *perguntar* suas necessidades, *propor* soluções, *levar em conta* o que ele diz e *encerrar* a interação com uma despedida. A Apple padroniza essa experiência interativa para garantir que seus funcionários façam o atendimento com empatia.

As lojas também oferecem uma experiência participativa, com sessões de aulas práticas e workshops em diversas áreas, como fotografia, edição de vídeo e composição musical com iPhone. Sem caixas ou filas para pagar, a equipe de atendimento da Apple é capaz de ajudar o cliente com o pagamento em qualquer ponto da loja, com dispositivos móveis, e enviar a nota fiscal por e-mail. Essa é uma experiência sem atritos que coloca o produto em primeiro plano.

Por fim, tudo isso é combinado com o famoso storytelling da Apple, focado na simplicidade e na usabilidade. Resumindo, a Apple cria um produto inovador, que funciona sem complicações. As Apple Stores são extensões do princípio de design dos produtos da empresa aplicado ao varejo. Assim como os produtos da Apple, as lojas representam o minimalismo, com seu layout limpo e organizado e suas transações e interações intuitivas.

O futuro também é híbrido

Toda experiência imersiva inclui pontos de contato físicos e digitais que funcionam de forma imperceptível. Ambos os tipos oferecem vantagens exclusivas, raramente intercambiáveis. Isso se torna evidente ao se comparar o comportamento do cliente de varejo durante e após a pandemia de covid-19. Quando as medidas de distanciamento social ainda estavam em vigor, os clientes recorreram às compras on-line como opção mais conveniente e segura. Com isso, o e-commerce vivenciou um rápido crescimento.

Porém, à medida que as restrições foram diminuindo, muitos voltaram às lojas físicas para fazer compras. Uma pesquisa realizada pela Mood Media revelou que hoje em dia 71% dos consumidores em todo o mundo compram em lojas físicas com uma frequência igual ou superior à de antes da pandemia. Em consequência, muitos atores do e-commerce, como Amazon e Shopify, reduziram suas operações à medida que os clientes retomaram os hábitos antigos, ressaltando as vantagens da compra presencial.

Em primeiro lugar, comprar na loja proporciona satisfação instantânea, pois o cliente não precisa esperar que a mercadoria seja entregue. Mais que isso, oferece uma série de experiências multissensoriais, permitindo que o cliente veja, toque e sinta os produtos. Em geral, essa experiência concreta melhora a percepção do cliente sobre os produtos e aumenta o desejo de possuí-los, tornando a compra mais provável.

Mas o benefício mais importante do ponto de contato físico – ausente durante o boom do e-commerce na pandemia – é que ele facilita a interação entre as pessoas. Comprar costuma ser uma experiência social, que o cliente faz com amigos e parentes, interagindo com funcionários, o que gera confiança e relacionamentos de longo prazo.

Embora os pontos físicos ofereçam essas vantagens, os digitais não deixam de ter seus méritos. Em primeiro lugar, são mais eficientes e flexíveis, uma vez que o cliente não precisa se deslocar ou gastar tempo percorrendo a loja física.

As compras on-line também oferecem uma variedade mais ampla de produtos, com acesso a avaliações confiáveis e comparações de preços e ofertas, o que eleva a confiança do cliente em sua decisão de compra. Embora ele não possa tocar os produtos, ainda pode fazer uma escolha fundamentada, com base nas detalhadas informações disponíveis.

Mais importante que isso, o ponto de contato on-line permite uma personalização melhor de produtos e promoções. O cliente pode receber recomendações com base em seu perfil e seu histórico, o que torna sua experiência mais relevante.

Com a ascensão dos *nativos figitais*, presentes tanto no espaço físico quanto no digital, a incorporação de pontos de contato digitais na experiência geral do cliente tornou-se crucial para as empresas. Embora a tendência pós-pandemia indique que a maioria das experiências do cliente na próxima década ocorrerá sobretudo em espaços físicos, as empresas precisam incorporar pontos de contato digitais em certa medida. A praticidade, a eficiência e a personalização dos pontos digitais podem complementar os espaços físicos e criar uma experiência mais imersiva para o cliente (Figura 4.3).

EXPERIÊNCIAS FÍSICAS E DIGITAIS COMBINADAS

Figura 4.3 Vantagens das experiências on-line e off-line

O metamarketing, a mistura de pontos de contato físicos e digitais em experiências imersivas, é a chave para vencer a competição pela experiência do cliente. O ponto de contato digital atende ao cliente que prioriza experiências transacionais sem complicações e sem atritos. Embora esses pontos atraiam o lado racional e pragmático do cliente, não substituirão de todo as experiências físicas.

O cliente que busca interações sociais para satisfazer sua necessidade de conexão emocional e subjetiva prefere pontos de contato físicos. Isso significa que as lojas físicas precisam passar de meros canais de venda a "centrais de experiência". Caso contrário, vão se tornar indistintas do e-commerce e acabar fracassando.

Não existe uma estratégia "tamanho único"

Embora não haja uma abordagem universal para fundir as experiências digitais e humanas em qualquer setor, existe uma tendência crescente de uma maior digitalização. Diante dos desafios da economia global, como inflação e desaceleração do crescimento, as empresas têm se sentido pressionadas a adotar tecnologias digitais que melhorem sua eficiência. No entanto, nesse esforço, muitas ignoram a importância do contato humano. Uma pesquisa mundial realizada pela PwC confirmou que dois terços dos consumidores acreditam que as empresas têm deixado de lado o elemento humano na experiência do cliente.

Nesse contexto, é fundamental saber a hora de priorizar as interações pessoais e a hora de incorporar a tecnologia. Por isso, classificamos os pontos de contato da experiência do cliente em quatro cenários, com base na importância da experiência como um todo e avaliando até onde a experiência digital pode substituir alguns pontos de contato.

Esses cenários existem dentro de um espectro. Numa extremidade (Cenário 1), o toque humano é o menos importante, o que possibilita uma automação total e uma experiência sem atritos. No outro extremo (Cenário 4), o toque humano é de imensa importância, o que faz da experiência humano-máquina a melhor abordagem (Figura 4.4). Conhecer esses quatro cenários é essencial para determinar a melhor integração entre tecnologia digital e toque humano.

Figura 4.4 Substituição das experiências humanas pelas digitais

Cenário 1: A presença humana facilita as transações

Existem certos cenários em que os seres humanos servem mais como intermediários para transações, como no caso de caixas de banco, caixas de supermercado e balcões de ingressos. Essas funções seguem procedimentos bem definidos e são relativamente simples. No entanto, nos últimos anos têm sido cada vez mais substituídas por pontos de contato digitais, como caixas eletrônicos e quiosques de autoatendimento.

Essa migração rumo aos pontos de contato digitais pode ser atribuída a vários fatores, entre eles uma mudança nas expectativas do cliente. Muitos preferem o mínimo de interação social nesses cenários transacionais, pois a conexão humana é menos relevante quando a jornada é relativamente curta. Em vez disso, o cliente busca experiências rápidas que reduzam ao mínimo os atritos e os contatos desnecessários.

Além disso, o ponto de contato digital faz mais sentido para as empresas sob o aspecto comercial, em transações de rotina que geralmente não exigem muita subjetividade do funcionário nem uma forte personalização no atendimento. O ponto de contato digital é capaz de realizar essas transações com mais rapidez, eficiência e precisão. Sem falar que o autoatendimento fica disponível 24 horas por dia, o que faz dele uma opção preferível para as empresas.

Em casos assim, a digitalização da experiência humana é relativamente simples, já que o objetivo é eliminar o atrito. Isso exigirá, sobretudo, a implementação de experiências digitais de autoatendimento em telas, com interfaces e experiências de usuário descomplicadas. Por exemplo, redes de fast-food, como McDonald's, Taco Bell e KFC, têm colocado mais quiosques de autoatendimento em seus estabelecimentos. Eles teriam aumentado as margens e o número de pedidos, o que demonstra as vantagens dos pontos de contato digitais.

As empresas também podem usar a biometria (como impressões digitais, reconhecimento facial e outras credenciais virtuais) para validar transações com mais rapidez e segurança. Essa tecnologia permite que o cliente confirme sua identidade com rapidez, reduzindo o tempo e o esforço necessários para concluir as transações. Um exemplo disso é a implementação, pela Panera Bread, do sistema de pagamento da Amazon One em seus pontos de venda. O sistema identifica o cliente pela palma da mão; assim, os funcionários podem chamá-lo pelo nome e acessar o histórico de pedidos. O pagamento também pode ser feito escaneando-se de novo a palma da mão do cliente.

No futuro, os pontos de contato digitais provavelmente vão continuar substituindo parte dos seres humanos em casos assim, para facilitar as transações. Nesse cenário, o objetivo final pode ser a automação total, contribuindo para a experiência sem atritos.

Cenário 2: O engajamento humano desperta a confiança

O cliente que faz uma compra de alto valor, como a de um carro ou um imóvel, geralmente pesquisa e explora alternativas até fazer a melhor escolha possível. Em casos assim, ele prolonga de propósito a etapa da descoberta no processo geral de tomada de decisão. São necessários "atritos" adicionais para que ele adquira confiança em suas escolhas.

Por exemplo, ele pode agendar test drives ao escolher um carro novo, ou marcar visitas a residências ao explorar opções de moradia, para obter uma experiência concreta e conversar com vendedores ou corretores. Essas interações desempenham um papel crucial no ganho de confiança, tornando imprescindíveis, nas compras de alto valor, os pontos de contato de alto envolvimento.

Embora em tais situações a digitalização total seja mais problemática, montadoras como Tesla, Volvo e Ford estão migrando em direção às vendas on-line, especialmente no caso de veículos elétricos (VEs). Em 2019, a Tesla começou a vender carros totalmente on-line, e a Volvo seguiu o exemplo, passando a comercializar seus VEs exclusivamente pela internet em 2021. A Ford também planejava transferir suas vendas de VEs para o canal do e-commerce.

Para ajudar os clientes a decidirem, essas montadoras usam test drives de realidade virtual imersiva para que eles experimentem a aparência e a sensação do carro, com panoramas de 360 graus, sons realistas e até mesmo aceleração e frenagem simuladas.

No entanto, é pouco provável que o modelo tradicional desapareça de todo, em razão de leis em alguns estados americanos que obrigam a venda de carros por meio de concessionárias. Mais importante que isso, não é do interesse do consumidor eliminar a visita à loja, por mais que se sinta à vontade com a experiência de realidade virtual. Assim como ocorre com o setor de varejo, as concessionárias físicas evoluirão, passando a oferecer interações e experiências que vão além das transações como um complemento fundamental para os canais on-line.

O ponto de contato físico não precisa ser necessariamente de alto custo. Hoje em dia, por exemplo, a Tesla oferece test drives remotos aos clientes, com consultores de vendas virtuais que interagem por meio de canais digitais. Funciona assim: o cliente marca uma hora no site da Tesla, vai a um estacionamento remoto onde há veículos dessa marca e liga para a empresa, que destrava o carro para ele remotamente. O cliente pode, então, fazer um test drive do veículo durante trinta minutos e deixá-lo de volta no mesmo local.

Para essa categoria de ponto de contato, a experiência digital só consegue substituir em parte a experiência humana. Embora as vendas on-line e as experiências virtuais estejam se tornando mais comuns em compras de alto valor, o ponto de contato físico continua sendo essencial para gerar confiança no cliente, contribuindo como um elemento da experiência interativa.

Cenário 3: O relacionamento humano aprimora o produto

Em certas situações, sobretudo no caso de produtos complexos, com características tangíveis e intangíveis, o relacionamento humano aumenta o valor do produto. A entrega do produto, especialmente por conta do indivíduo responsável pela entrega, é um fator crucial na decisão do cliente. Some-se a isso o princípio psicológico da autoridade, segundo o qual as pessoas tendem a seguir a orientação de profissionais confiáveis, bem-informados e com vasta experiência.

Um exemplo disso são os serviços de gestão de patrimônio, em que os clientes de renda elevada recebem orientações de investimento personalizadas de gerentes com expertise técnica e interpessoal. Dentre os fatores que influenciam a satisfação do cliente estão a análise de dados de back-end e os softwares de front-end que permitem a essas firmas analisar investimentos e oferecer recomendações.

Além desses aspectos tangíveis, o toque humano na gestão de patrimônio desempenha um papel fundamental, garantindo uma consultoria financeira com expertise competente e confiável. Segundo a McKinsey, em 2020 o setor de gestão de patrimônio atingiu taxas recorde de retenção de clientes (perto de 95%) pelo fato de os clientes terem consolidado seus consultores financeiros e fortalecido o relacionamento com eles.

Em ambientes business-to-business (B2B), situações assim surgem com frequência. Empresas de tecnologia que vendem produtos complexos para clientes corporativos costumam empregar "engenheiros de vendas", com conhecimento prático dos produtos e talento para apresentá-los. Na IBM e na Cisco, por exemplo, os engenheiros de vendas são responsáveis por combinar a compreensão das necessidades do cliente com o conhecimento dos produtos IBM. Isso permite que ofereçam soluções personalizadas e, ao mesmo tempo, construam um relacionamento sólido. Em outras palavras, o engenheiro de vendas é uma mistura de técnico especializado, que conhece o produto, e representante de vendas que cria uma relação com o cliente. Quando o produto possui pouca diferenciação, o relacionamento com o engenheiro de vendas pode ser o fator decisivo para a compra.

Nesses setores, empresas e consumidores estão cocriando experiências, tomando a maioria das decisões em conjunto. Com isso, a digitalização dos pontos de contato é limitada, pois as empresas precisam ensejar uma experiência participativa, em que ambas as partes estejam ativamente envolvidas. Somente um modelo híbrido, que equilibre os pontos de contato digitais e presenciais, pode alcançar esse objetivo.

Um jeito de fazer isso é por meio de uma plataforma de autoatendimento que ofereça aos clientes assistência a decisões 24 horas por dia, complementada com interações remotas entre a equipe da empresa e os clientes por meio de canais de comunicação digital. Até 2025, segundo a Gartner, esse modelo será responsável por 80% das interações de vendas B2B entre fornecedores e compradores.

Cenário 4: A experiência humana é o produto

Há situações em que uma experiência excepcional do cliente depende muito do toque humano, especialmente quando a conexão entre seres humanos é a principal motivação para a compra. Nesses casos, o sucesso das ofertas depende da capacidade da empresa de demonstrar empatia, e a interface humana acaba definindo o nível de satisfação do cliente.

O setor hoteleiro é um exemplo óbvio. Ele passou por uma forte digitalização: quase 70% das reservas de viagem e turismo em 2022 foram feitas on-line, de acordo com a Statista. Além disso, a pandemia acelerou a adoção de tecnologias sem contato em atividades voltadas para o hóspede, como check-in pelo celular, chaves de quartos digitais e recursos de quartos inteligentes. No entanto, esses avanços não foram planejados para substituir a interação humana, já que a hotelaria se baseia em conexões pessoais.

O fracasso do Henn na, o primeiro hotel do mundo administrado exclusivamente por robôs, deixou patentes os limites da digitalização no setor. O hotel, inaugurado em 2015 no Japão, tinha inicialmente uma equipe só de robôs. No entanto, em 2019, a gerência teve que substituir metade deles por pessoal humano, demonstrando que as máquinas não conseguem atender adequadamente certos pontos de contato. Embora alguns hotéis Hilton e Marriott também tenham empregado robôs durante a pandemia, o serviço humano continuou sendo crucial para proporcionar aos hóspedes uma experiência satisfatória.

Vejamos o exemplo do Ritz-Carlton, onde cada integrante da equipe de atendimento tem autoridade para tomar decisões e solucionar de imediato problemas complicados dos hóspedes, ou criar experiências agradáveis para eles. Como símbolo desse empoderamento, cada membro da equipe pode gastar até 2 mil dólares por incidente e por hóspede. Nem mesmo a IA mais avançada é capaz de reproduzir essa tomada de decisão criteriosa.

Outro exemplo é o setor de saúde. Assim como o setor hoteleiro, ele passou por uma transformação digital significativa nos últimos anos. A telemedicina, por exemplo, ganhou impulso durante a pandemia ao fornecer atendimento remoto aos pacientes. Além disso, os históricos médicos eletrônicos propiciam aos médicos informações em tempo real, fornecendo os dados necessários para que a IA os ajude a fazer diagnósticos e determinar opções de tratamento. Dispositivos vestíveis e aplicativos de celular também proporcionam aos pacientes medidas preventivas de cuidado com a saúde.

Apesar desses avanços digitais, os profissionais de saúde, como médicos e enfermeiros, continuam sendo vitais, sobretudo nos tratamentos de longo prazo. Uma pesquisa da Kyruus nos Estados Unidos mostrou que quase dois terços dos pacientes consideram o acesso à telemedicina um fator crucial ao decidir onde receberão assistência médica no futuro. No entanto, a maioria dos pacientes ainda prefere o atendimento presencial para as necessidades de saúde de longo prazo. Interagir com profissionais de saúde dá ao paciente a sensação de estar sendo cuidado e inspira a confiança de estar em boas mãos.

Nos setores de hotelaria e saúde, a experiência multissensorial é determinante para a qualidade do serviço. Embora a digitalização tenha agregado valor à conveniência e à eficiência nesses setores, proporcionar uma experiência humana de alta qualidade é mais importante. É interessante notar que, nesses setores, a adoção de tecnologias em tarefas administrativas libera a equipe para interagir mais com os clientes, reforçando dessa forma a experiência humana.

Resumo: Como combinar o físico e o digital para uma imersão completa

As empresas enfrentam hoje o desafio da comoditização mais rápida e do ciclo de vida mais curto dos produtos. Por conta disso, em vez de competirem apenas com base nos produtos, concentram-se na oferta de experiências excepcionais aos clientes. Os cinco elementos que devem ser explorados para alcançar esse objetivo são as experiências multissensoriais, interativas, participativas, sem atritos e de storytelling. Quando cuidadosamente orquestrados, esses elementos criam uma experiência totalmente imersiva para o consumidor.

Para isso, as empresas devem mesclar alta tecnologia e alto contato de forma eficaz. Precisam compreender as vantagens de cada ponto de contato e identificar situações em que os pontos digitais possam substituir os físicos sem comprometer a experiência imersiva do cliente.

PERGUNTAS PARA REFLEXÃO

- Sua empresa prioriza e equilibra o toque humano e as experiências digitais nas interações com o cliente? Existem áreas que possam tirar proveito de uma digitalização maior ou de uma conexão mais humanizada?
- De que maneira sua empresa pode orquestrar a experiência do cliente como um todo para torná-la mais imersiva? Como você usaria, por exemplo, uma abordagem multissensorial ou uma experiência sem atritos?

PARTE II

Marketing 6.0: facilitadores e ambiente

CAPÍTULO 5

Compreendendo os facilitadores tecnológicos

Cinco tecnologias fundamentais que turbinam o metamarketing

Criar experiências envolventes, abrangendo os mundos físico e digital, envolve grandes desafios que somente a tecnologia pode resolver (Figura 5.1). Especialmente desafiador é o fato de que as pessoas parecem estar retornando às experiências presenciais pós-pandemia, o que significa que nos próximos anos a maioria das experiências do cliente provavelmente ocorrerá no mundo físico. Em contrapartida, os dados que as empresas coletam são, em sua maior parte, digitais. Portanto é necessário encontrar um jeito de capturar essas experiências do cliente no mundo físico, convertê-las em dados digitais e fornecer feedback em tempo real.

Além disso, o mundo físico é tridimensional, de modo que cada ponto de contato e cada interação na experiência do cliente também são tridimensionais. Por outro lado, as experiências digitais na internet são, antes de tudo, limitadas a telas bidimensionais. É necessário desenvolver um método que transforme as experiências virtuais em experiências 3D para integrar de forma imperceptível os dois mundos.

Por fim, a criação de experiências imersivas exige compreender o público e coletar informações abrangentes sobre ele, desde perfis demográficos até comportamentos. Isso levanta questões importantes de privacidade e segurança. Por isso é necessária uma infraestrutura mais segura, que desenvolva e ofereça essas experiências imersivas.

DICOTOMIA ENTRE O FÍSICO E O DIGITAL

Figura 5.1 Os três desafios para mesclar experiências físicas e digitais

Neste capítulo, vamos analisar cinco tecnologias essenciais que ajudam as empresas a superar esses desafios e aprimorar seu metamarketing imersivo. São elas:

- Internet das coisas para a captura de dados
- Inteligência artificial para o processamento de dados
- Computação espacial para a modelagem de experiências
- Realidade aumentada e realidade virtual para a interface
- Blockchain para a infraestrutura

Internet das coisas para a captura de dados

Hoje é possível conectar à internet quase qualquer coisa além de computadores e celulares, incluindo máquinas, aparelhos, veículos, mercadorias e até pessoas que interagem umas com as outras quando conectadas a uma rede. Essa interconectividade, que é chamada de "internet das coisas" (IoT), acelerou significativamente a automação na última década.

Os dispositivos de IoT costumam ser equipados com sensores capazes de coletar dados do ambiente físico ao redor e convertê-los em tempo real em informações preciosas. Esses sensores possuem uma série de aplicações, como o rastreamento de veículos e mercadorias e o monitoramento da temperatura em casas inteligentes. Além disso, em ambientes de varejo, conseguem detectar a movimentação de pessoas e mercadorias dentro da loja. Também são empregados em dispositivos vestíveis, entre eles smartwatches e monitores de condicionamento físico, observando diversos indicadores de bem-estar, como nível de atividade física e qualidade do sono, e detectando emergências, como quedas ou batidas.

Alguns dispositivos de IoT também são equipados com "atuadores", que operam de forma inversa. Enquanto os sensores capturam as condições do ambiente, convertendo-as em dados digitais, os atuadores convertem os dados digitais em ações físicas. Isso permite que o usuário controle os dispositivos de IoT e automatize ações específicas com base nos dados capturados pelos sensores. Por exemplo, a IoT pode permitir que o morador de uma casa inteligente controle a temperatura de forma remota ou automática, dependendo das condições climáticas. Com a IoT, os varejistas também podem enviar instantaneamente, pelo aplicativo, notificações de promoções, desencadeadas pela localização do cliente nos corredores da loja.

Segundo estimativa da McKinsey, o potencial econômico global liberado pela IoT, em todos os setores somados, pode variar entre 5,5 e 12,6 trilhões de dólares até 2030. Além de automatizar a operação e a manutenção das indústrias, espera-se que a IoT gere valor ao criar experiências imersivas para os clientes.

A capacidade da IoT de monitorar e controlar os ambientes físicos faz dela uma tecnologia preciosa na fusão dos universos físico e digital. Portanto, é uma tecnologia fundamental para criar uma experiência imersiva em lojas de varejo e outros locais físicos, como residências, escritórios e veículos. A IoT pode incorporar aos dispositivos recursos on-line que, do contrário, ficariam off-line, permitindo interações fluidas com experiências digitais.

A IoT apresenta, portanto, uma oportunidade para profissionais de marketing criarem campanhas inovadoras, integrando de forma imperceptível elementos on-line e off-line. A campanha "The Protection", da Nivea, ilustra bem isso. O anúncio impresso destacava o compromisso da Nivea em proteger as crianças contra a exposição solar na praia e oferecia um bracelete destacável na página. A criança poderia usar aquela pulseirinha que, sincronizada com o aplicativo da Nivea para celular, avisava aos pais quando ela se afastasse muito deles na praia – o que reforçava ainda mais o posicionamento protetor da marca.

Já a Heineken lançou em 2022 uma campanha que oferecia um dispositivo de IoT chamado The Closer, muito parecido com um abridor de garrafas tradicional. Esse abridor utilizava um sensor para detectar que uma garrafa tinha sido aberta, comunicava-se com o dispositivo do usuário via Bluetooth e fechava os aplicativos de trabalho selecionados. Com essa campanha, a Heineken pretendia tratar da questão do desequilíbrio entre vida pessoal e profissional, incentivando quem trabalhava a dedicar algum tempo ao lazer.

Mas o caso de uso mais popular da IoT para entregar experiências imersivas é o marketing de proximidade nos setores de varejo e serviços de alimentação. Grandes empresas, como Walmart, Target e McDonald's, utilizam "beacons" de IoT – pequenos dispositivos sem fio que se comunicam com outros nas proximidades via Bluetooth. Esses beacons atuam como uma ferramenta de direcionamento de microlocalização. Eles permitem ao varejista detectar a presença de clientes específicos em seus pontos de venda e enviar mensagens publicitárias contextualizadas e personalizadas por meio de notificações no aplicativo de celular.

Mais importante que isso, os beacons servem como uma ferramenta de captação de dados, permitindo que os varejistas obtenham insights práticos sobre os clientes nos canais on-line e off-line. O posicionamento estratégico desses beacons numa loja de varejo (por exemplo, perto da entrada e em cada setor) possibilita o rastreamento preciso do cliente. Os varejistas podem analisar os padrões de tráfego para otimizar o tempo das campanhas publicitárias e monitorar o movimento dos clientes para melhorar o layout da loja.

Essa tecnologia também permite que o varejista distribua com precisão o marketing entre os canais, o que exige a identificação do impacto dos diversos canais de marketing na jornada do cliente rumo a um objetivo específico. Graças à capacidade de rastrear com a IoT as interações on-line e off-line dos clientes, o varejista pode avaliar se os anúncios em motores de pesquisa ou redes sociais levaram a visitas à loja física e a uma compra subsequente.

A IoT desempenha um papel fundamental na captura de dados em tempo real, proporcionando ao cliente uma experiência imersiva. Embora haja cada vez mais digitalização, a maioria das experiências do cliente ainda ocorre em espaços físicos, onde os pontos de contato permanecem off-line. Antigamente, os profissionais de marketing precisavam fazer uma ampla pesquisa de mercado para compreender esses pontos de contato. Hoje a IoT oferece uma nova solução: transforma os pontos de contato off-line em on-line, permitindo que se capture em tempo real um panorama completo da jornada do cliente.

Inteligência artificial para o processamento de dados

A inteligência artificial refere-se à capacidade dos computadores de imitar as habilidades cognitivas humanas para executar tarefas como a solução de problemas. Assim como a inteligência humana, a IA se desenvolve por meio do aprendizado e do processamento de informações.

O aprendizado de máquina – um conceito inerente à IA – tenta copiar esse processo. Processando sem parar conjuntos de dados desorganizados, os computadores são treinados para reconhecer padrões e elaborar algoritmos – regras que conectem esses conjuntos de dados. Com os algoritmos, a IA é capaz de fazer previsões e recomendar ações. Assim como o ser humano, ela se aprimora com o tempo, aprendendo com novos dados e analisando as previsões bem-sucedidas ou não.

Hoje a IA é uma ferramenta-padrão usada pelos profissionais de marketing para diversos objetivos. Serve, por exemplo, para criar interfaces digitais de baixo custo para o consumidor. Ao criar chatbots com IA, o marketing automatiza as respostas às consultas básicas dos clientes nos processos de vendas e atendimento, nos quais a IA é particularmente eficiente. Isso libera recursos humanos para interações mais complexas e de alto valor.

Nos bastidores, profissionais de marketing usam a IA para prever o comportamento do consumidor. Usando-se algoritmos de IA com base em históricos de transações, é possível identificar os clientes com maior probabilidade de comprar e com maior valor de vida útil.

Além disso, a IA é capaz de prever quais recursos do produto serão populares no mercado e sugerir a próxima recomendação a determinado consumidor com base em suas compras anteriores, o que, por sua vez, aprimora a experiência do cliente.

Nos últimos anos, a PepsiCo incluiu de forma proativa a IA em suas iniciativas de marketing para garantir uma experiência excepcional de compra e consumo. Por exemplo, ela utiliza a IA para produzir um "planograma" personalizado para cada parceiro de canal de varejo, um diagrama que detalha o posicionamento ideal de produtos específicos em prateleiras ou displays, para maximizar as compras. Isso é feito com a ajuda de um representante de vendas, que registra um vídeo das prateleiras da loja, analisado pela IA para desenvolver o planograma.

Outro exemplo de implementação da IA pela PepsiCo envolve a constância da experiência no consumo de seus produtos. Por exemplo, a empresa usa a IA para formular certas características do Cheetos que atendam às expectativas do cliente, da textura à crocância, passando pelo ponto de derretimento na boca, pela curvatura do salgadinho e pela quantidade de queijo.

A PepsiCo também reduziu drasticamente o tempo necessário para lançar novos produtos no mercado, de anos para meses, aproveitando a IA para analisar milhões de conversas nas redes sociais e detectar rapidamente alterações nas preferências dos clientes. Por conta disso, produtos como os biscoitos Off The Eaten Path, à base de algas marinhas, a bebida esportiva Propel, que fortalece a imunidade, e a água gaseificada Bubly, com sabor, foram desenvolvidos com características identificadas pelo motor de IA.

A IA generativa, um tipo de sistema de IA capaz de produzir textos, imagens e vídeos respondendo a prompts (como ChatGPT e DALL-E, ambos da OpenAI), também é utilizada em publicidade e marketing de conteúdo, ajudando a produzir campanhas rapidamente e em grande escala. Isso permite um marketing personalizado em nível micro, que resulta numa campanha de storytelling com repercussão junto ao público.

Um exemplo bem emblemático dessa aplicação foi a iniciativa #NotJustACadburyAd, da Cadbury, que deu apoio a empresas locais indianas afetadas pela pandemia. A campanha utilizou tecnologia de IA generativa para recriar o rosto e a voz de Shah Rukh Khan, embaixador da marca, dando a impressão de que nos anúncios ele estava citando o nome dessas empresas locais. Assim, esses pequenos negócios puderam participar produzindo suas versões sintéticas do anúncio, o que resultou em mais de 130 mil anúncios e 94 milhões de visualizações em diversas redes sociais.

O papel mais crucial da IA no marketing imersivo, porém, é criar uma experiência contextual, em tempo real. A IA permite que o profissional de marketing segmente o mercado em sua unidade mais básica: o cliente individual, possibilitando o marketing personalizado. A grande vantagem da IA é a capacidade de atuar em tempo real, capturando continuamente dados da IoT, aprendendo sobre os clientes e oferecendo instantaneamente o produto ou conteúdo mais relevante. Isso permite que o profissional de marketing crie na mesma hora uma experiência altamente contextual e imersiva.

Com o advento da IA de borda (uma combinação de computação de borda e IA), a velocidade de processamento da inteligência artificial aumentou ainda mais. Essa tecnologia consiste no processamento de dados da IoT mais perto de onde eles foram coletados (computação de borda), não num data center remoto (computação na nuvem). Isso permite um processamento de dados mais rápido e em maior volume, resultando em ações em tempo real.

Um exemplo é a Cooler Screens, empresa especializada em merchandising e mídias digitais dentro das lojas. A Walgreens fez uma experiência com a Cooler Screens em 2019, instalando coolers que combinavam IoT e IA de borda. Essas geladeiras inteligentes foram equipadas com detecção facial, rastreamento ocular e sensores de movimento, coletando informações sobre a pessoa que estava diante delas, como perfil e interesses. Em seguida, a tela exibia recomendações de produtos e anúncios personalizados.

Desde 2023, a Cooler Screens instalou mais de 10 mil telas em varejistas como Kroger, Circle K e CVS. Além disso, planeja expandir suas iniciativas de marketing contextual, instalando telas inteligentes em outros espaços e criando uma experiência mais imersiva por todo o interior das lojas.

Computação espacial para a modelagem de experiências

A computação espacial representa um grupo de tecnologias que administram a forma como os seres humanos interagem intuitivamente com os objetos no entorno. Exemplos de aplicações práticas são sistemas que acendem automaticamente as luzes do banheiro quando alguém entra à noite ou que ativam uma esteira numa fábrica quando um trabalhador coloca um objeto sobre ela.

Em geral, a computação espacial começa com a criação de "gêmeos digitais", que são réplicas digitais precisas de objetos físicos num ambiente virtual, geralmente em modelos tridimensionais. Os gêmeos digitais reproduzem com precisão a aparência e a função do objeto original e costumam ser usados para modelagem e simulações no mundo real.

A criação de gêmeos digitais para lojas, fábricas, edifícios e cidades inteligentes pode ajudar a gerar insights, planejar melhorias e projetar a experiência nesses espaços. Cidades como Xangai e até mesmo um pequeno país como Singapura já possuem gêmeos digitais 3D, que são usados para monitorar o tráfego, planejar novos projetos imobiliários e simular a gestão de desastres, entre outras finalidades.

A computação espacial integra esses gêmeos digitais 3D a várias tecnologias cruciais, algumas discutidas neste capítulo. A IoT é necessária, por exemplo, para transmitir informações do mundo físico para o gêmeo digital. As informações do trânsito de Xangai capturadas com a IoT são modeladas no gêmeo digital para posterior análise em tempo real. A tecnologia de gêmeos digitais usa IA para processar essa grande quantidade de dados e identificar padrões que gerem insights práticos. Com isso, os governos podem visualizar, simular e criar melhorias nos gêmeos digitais para posteriormente implementá-las no mundo real.

Numa escala menor, o SoFi Stadium, casa dos Los Angeles Rams e dos Los Angeles Chargers, times de futebol americano, também possui um gêmeo digital, assim como o Hollywood Park, próximo a ele. Esse gêmeo digital se mostrou útil para aprimorar a experiência do torcedor, sobretudo durante grandes eventos, como o Super Bowl, o jogo decisivo da liga. Ele é capaz, por exemplo, de detectar áreas onde a temperatura está mais alta e abordar o problema imediatamente. Além disso, o gêmeo digital é uma ferramenta preciosa para a gestão em dias de jogo, ao permitir uma coordenação mais enxuta dos milhares de funcionários que atuam em diversos pontos do estádio.

A computação espacial é uma tecnologia crucial para a simulação de experiências, pois possibilita que as empresas aprimorem seus recursos de planejamento. Em vez de projetar as experiências dos clientes na teoria, a computação espacial permite que as empresas criem simulações visuais em 3D de seus projetos, especialmente ao desenvolver experiências imersivas para os clientes.

A computação espacial também é fundamental para entregar uma experiência imersiva que integre imperceptivelmente interfaces físicas e digitais. No setor de moda e beleza, por exemplo, ela é usada em lojas de varejo para proporcionar uma experiência de compra mais interativa e envolvente, como é o caso dos provadores inteligentes em grifes como Ralph Lauren, American Eagle Outfitters e COS.

Os provadores inteligentes usam a computação espacial para reconhecer instantaneamente as peças de vestuário que os clientes pegaram e oferecer recomendações personalizadas de produtos e estilos. Graças aos recursos visuais em 3D, o cliente pode provar uma roupa virtualmente de vários ângulos, inclusive peças indisponíveis na loja no momento mas que podem ser encomendadas para entrega.

O provador virtual também é popular entre os varejistas de produtos de beleza. A Sephora, por exemplo, tem o aplicativo Virtual Artist, que escaneia o rosto e permite que clientes experimentem a maquiagem virtualmente pelo celular e em lojas selecionadas. Da mesma forma, a L'Oréal oferece um aplicativo chamado Style My Hair, que permite que o consumidor experimente virtualmente diferentes cortes e cores de cabelo.

Para entregar essas experiências, a computação espacial se associa a tecnologias de interface, como realidade virtual e realidade aumentada.

Realidade aumentada e realidade virtual para a interface

A elaboração de experiências imersivas que combinem os mundos físico e digital depende muito do campo da interface homem-máquina, que estuda formas de interação entre seres humanos e máquinas. Embora as pessoas vivam num mundo físico tridimensional, a maioria das interações com a tecnologia e o conteúdo digital ocorre em telas bidimensionais. Em razão disso, a tendência mais recente das interfaces envolve tecnologias 3D, como a realidade virtual e a realidade aumentada, que almejam preencher essa lacuna.

Tanto a RA quanto a RV usam a tecnologia da computação espacial. A RV substitui a visão do mundo físico do usuário por um ambiente virtual simulado, utilizando visores que bloqueiam todo o campo de visão. Isso resulta numa experiência totalmente imersiva, que impede o usuário de interagir com o entorno físico.

Por outro lado, a RA sobrepõe conteúdo digital à visão do mundo real do usuário, sem obstruir completamente seu campo de visão. Em geral, para experimentar a RA o usuário utiliza o celular ou óculos especiais. Essa tecnologia permite que ele interaja com elementos digitais e, ao mesmo tempo, se mantenha consciente do entorno físico. O que o usuário vê é parcialmente digital e parcialmente real. Em poucas palavras, enquanto a RV proporciona uma experiência imersiva totalmente digital, a RA mescla experiências físicas e digitais.

Tanto a RA quanto a RV criam uma experiência mais imersiva e se tornam mais realistas quando combinadas com a tecnologia dos gêmeos digitais. Por exemplo, na RA os gêmeos digitais podem ser usados para projetar objetos virtuais no ambiente do mundo real de um jeito que corresponda com precisão às suas propriedades físicas. Na RV, os gêmeos digitais podem criar simulações precisas e realistas de ambientes do mundo real, como edifícios, carros e cidades.

Embora as tecnologias de RA e RV estejam transformando nosso jeito de interagir com o conteúdo digital, suas trajetórias são diferentes. A RV é mais usada para fins corporativos, em parte pelo alto custo e pela inconveniência dos dispositivos para o uso cotidiano do consumidor. Mais precisamente, a RV é usada em treinamentos práticos para desenvolvimento de habilidades, como a formação de cirurgiões, pilotos, soldadores e responsáveis pelo atendimento ao cliente.

O Walmart, por exemplo, usou cursos de RV para treinar mais de 1 milhão de funcionários. Um desses cursos ensinava a operar a Pickup Tower, um quiosque gigante para retirada de encomendas on-line. Antes, a capacitação para esse processo exigia um dia inteiro de treinamento na loja. Com a implementação da tecnologia de RV, o tempo de formação foi reduzido para apenas 15 minutos, sem qualquer redução na eficiência.

A RA, por sua vez, tem um potencial maior para uso do consumidor e é melhor para ativações de marketing. A popularidade da RA pode ser atribuída, em parte, ao sucesso de jogos como Pokémon Go, que permite ao jogador interagir com criaturas virtuais que parecem presentes no ambiente real quando visualizadas por meio de um aplicativo de celular. Entretanto, a verdadeira vantagem da RA sobre a RV está na utilização de celulares, que são onipresentes, e na capacidade de permitir que o usuário interaja ao mesmo tempo com os ambientes físico e digital.

A RA está revolucionando as "demos" e os testes de produtos durante a fase de descoberta da jornada do cliente. Quando testa virtualmente a aparência e o funcionamento do produto antes de fazer a compra, o cliente toma sua decisão com mais confiança. Essa tecnologia é aplicável em vários setores, como moda e decoração. Marcas como Clinique, Vans e IKEA usam a RA para mostrar seus produtos em três dimensões, com opções de personalização completa para o público-alvo.

É comum que as vantagens da RA e da RV sejam combinadas na "realidade mista" (RM). Enquanto a RA sobrepõe o conteúdo digital ao mundo físico, a RM vai um passo além e permite que o elemento digital interaja com o espaço real, resultando numa experiência mais imersiva. A RM fica entre a RA e a RV totalmente imersiva, oferecendo interações físico-digitais mais complexas do que a RA, ao mesmo tempo que mantém o contexto do mundo real que falta à RV (Figura 5.2).

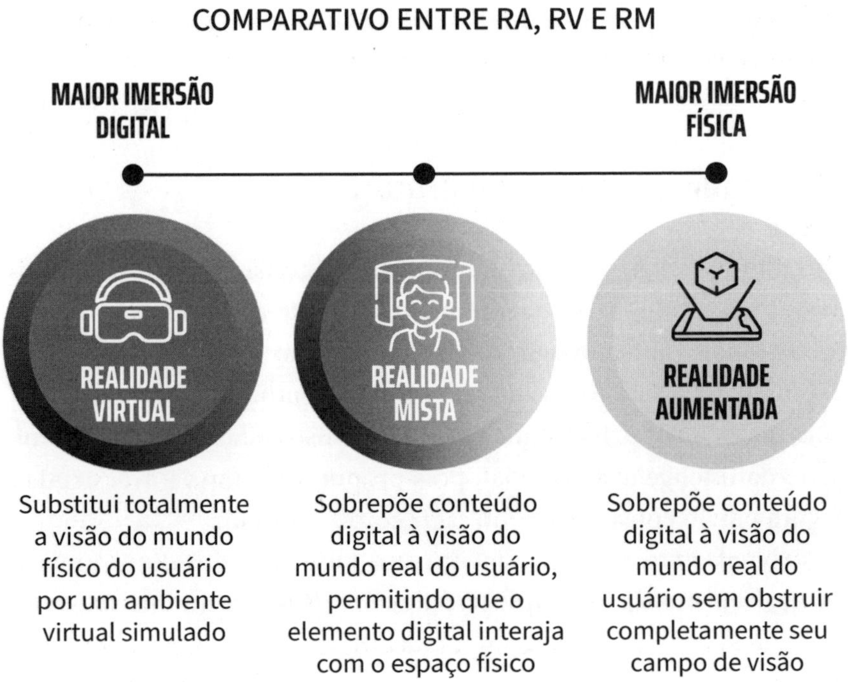

Figura 5.2 Espectro das interfaces físico-digitais

Um exemplo de aplicação da RM no marketing foi o anúncio do "burrito gigante" da Chipotle, veiculado ao vivo durante um jogo das finais da liga profissional de hóquei nos Estados Unidos. No intervalo da partida, durante a transmissão ao vivo, quem assistia pela TV ou pelo telão viu um nivelador de gelo com a marca Chipotle entrar no rinque trazendo uma enorme marmita de burritos. Em seguida, uma luva gigante, criada digitalmente, "rompia" o gelo do rinque real e agarrava a marmita.

A Gillette, da Procter & Gamble, fez uma ativação de RM semelhante antes de um jogo de futebol americano no Gillette Stadium. Durante a transmissão ao vivo, o público pôde ver na tela uma enorme lâmina de barbear virtual no meio do campo.

A interface de tecnologia imersiva facilita a conexão do conteúdo e das mensagens digitais com o contexto do mundo real. À medida que o consumidor retorna aos eventos ao vivo e aos espaços físicos após a pandemia, essas experiências híbridas e imersivas vêm se tornando uma tendência entre os anunciantes.

Blockchain para a infraestrutura

Nos últimos anos, o blockchain vem sendo considerado uma grande inovação tecnológica que remodelou a atuação das empresas. Muitos profissionais de tecnologia o enxergam como a próxima revolução depois da IA. De fato, essa tecnologia parece uma solução natural para as questões de privacidade oriundas do uso cada vez mais disseminado da inteligência artificial, pois proporciona uma infraestrutura segura para o consumidor interagir com a internet.

O blockchain é essencialmente uma base de dados descentralizada que registra dados criptografados em vários computadores, não num local central. Cada computador dessa rede possui uma cópia da base de dados inteira, e todas as alterações feitas nessa base têm que ser validadas em todos os computadores, o que torna o sistema altamente seguro contra fraudes e ataques cibernéticos. Além disso, como todos os dados são visíveis em todos os computadores da rede, a transparência das transações também aumenta.

Ao fornecer um sistema seguro e transparente, o blockchain elimina a necessidade de intermediários para moderar e compensar transações, facilitando uma relação direta entre as partes envolvidas. Isso leva a uma eficiência geral, facilitando o intercâmbio de uma ampla gama de ativos, entre eles itens virtuais e bens intangíveis.

O blockchain é usado predominantemente como uma tecnologia de infraestrutura, e a maioria das aplicações em empresas fica no back-end. O Walmart, por exemplo, implementou o blockchain na gestão de faturas e pagamentos a parceiros de logística externos, o que resultou numa redução significativa das contestações de faturas: de 70% para menos de 1%.

No âmbito do marketing, a tecnologia blockchain é usada para rastrear as transações dos anunciantes aos publishers de mídia, identificando áreas de ineficiência. A Toyota, por exemplo, implementou o blockchain para otimizar a compra de mídias para campanhas publicitárias, o que levou a uma redução de 30% a 35% na despesa total com publicidade.

A implementação da tecnologia blockchain no front-end continua a ser um tanto polêmica. A capacidade do blockchain de permitir transações sem intermediários deu origem a conceitos inovadores, como as criptomoedas e os tokens não fungíveis (NFTs, na sigla em inglês).

A criptomoeda é uma moeda digital que opera sem autoridade central, como um governo ou banco. Embora ofereçam as vantagens de uma transação eficiente, as criptomoedas não têm valor intrínseco em sua maioria, o que as torna altamente especulativas e voláteis.

Os NFTs também são controversos, funcionando como um certificado digital exclusivo de propriedade de ativos. Normalmente, registram a propriedade de arquivos digitais, como obras de arte, fotos, vídeos e áudios, no blockchain. Esses ativos podem ser negociados, permitindo ao proprietário original receber royalties pela sua revenda futura. No entanto, assim como as criptomoedas, os NFTs que representam colecionáveis digitais e obras de arte são ativos especulativos, muitas vezes negociados a preços irracionais.

O blockchain – em particular as criptomoedas e os NFTs – está no âmago da experiência imersiva do metaverso, que é um mundo virtual simulado e imersivo que permite ao usuário participar de diversas atividades como se estivesse no mundo físico. Pode parecer simplesmente uma plataforma virtual de jogos para entretenimento. Quando, porém, tem o apoio da tecnologia blockchain, o metaverso atua como uma economia totalmente funcional, com seu sistema monetário e comercial para o intercâmbio de mercadorias virtuais. O usuário utiliza a criptomoeda para negociar ativos digitais, como terrenos, carros e roupas do metaverso, patrimônio todo ele certificado por meio de NFTs.

As principais marcas já estão investindo na criação de presença nos metaversos. A Coca-Cola foi uma das primeiras a lançar colecionáveis com base em NFTs no metaverso em 2021. A empresa lançou uma série de itens colecionáveis, inclusive itens virtuais, como um cooler vintage, uma jaqueta, um arquivo de áudio e um conjunto de figurinhas que possuíam movimento dinâmico e elementos multissensoriais. A marca também pretende integrar a oferta digital com colecionáveis físicos: o autor do maior lance também receberia o cooler físico abastecido com garrafas de Coca-Cola.

A Nike também entrou no metaverso com a Nikeland, um mundo virtual dentro de uma plataforma de jogos com um espaço 3D imersivo, tendo a própria sede da empresa como pano de fundo. Na Nikeland, os usuários podem personalizar seus avatares e participar de games em que seus movimentos off-line se traduzem em movimentos no jogo.

A marca também lançou o ".Swoosh", uma comunidade virtual movida a blockchain e um mercado para criadores virtuais cujos membros podem cooperar na criação de produtos virtuais, como tênis ou camisas, acessar produtos físicos ou conversar diretamente com atletas ou designers. Mas talvez o passo mais significativo da Nike em direção à integração dos mundos físico e digital seja sua colaboração com a recém-adquirida RTFKT. As duas empresas estão criando designs virtuais que coincidirão com o lançamento dos respectivos tênis físicos.

Vale mencionar que o avanço da tecnologia blockchain para metaversos imersivos está em andamento, e várias marcas ainda estão fazendo experiências com ela. Ainda há, portanto, um longo caminho pela frente.

É um caso parecido com o da IA, que tem sido motivo de polêmica há muitos anos. Os defensores da IA enfatizam seus inúmeros benefícios, enquanto os céticos apontam imperfeições e problemas de privacidade. Foi somente com o recente surgimento do ChatGPT que a IA atingiu um ponto de inflexão e passou a ser utilizada em grande escala.

Embora seja difícil prever o potencial a curto prazo dos metaversos turbinados por blockchain, não há dúvida de que eles têm um futuro promissor. As marcas que estão fazendo experiências com metaversos vêm descobrindo que os clientes mais jovens se interessam muito por eles. Para esses consumidores, os metaversos são versões tridimensionais e imersivas das redes sociais. Por isso as marcas que buscam o engajamento das gerações mais jovens têm adotado os metaversos com cautela.

Resumo: Cinco tecnologias fundamentais que turbinam o metamarketing

Criar experiências imersivas que combinem os mundos físico e digital envolve diversos desafios, como converter experiências físicas em dados digitais, transformar experiências virtuais em experiências tridimensionais e garantir a privacidade e a segurança. Para isso podemos contar com cinco tecnologias.

A internet das coisas e a inteligência artificial permitem a captura e o processamento de interações físicas em tempo real. A computação espacial e as interfaces imersivas, como RA e RV, permitem que as empresas mesclem de um jeito fluido as experiências físicas e digitais 3D. Por fim, a tecnologia blockchain oferece uma infraestrutura transparente e segura que proporciona ao cliente experiências imersivas, cuidando das questões de privacidade e segurança (Figura 5.3).

FACILITADORES TECNOLÓGICOS DO METAMARKETING

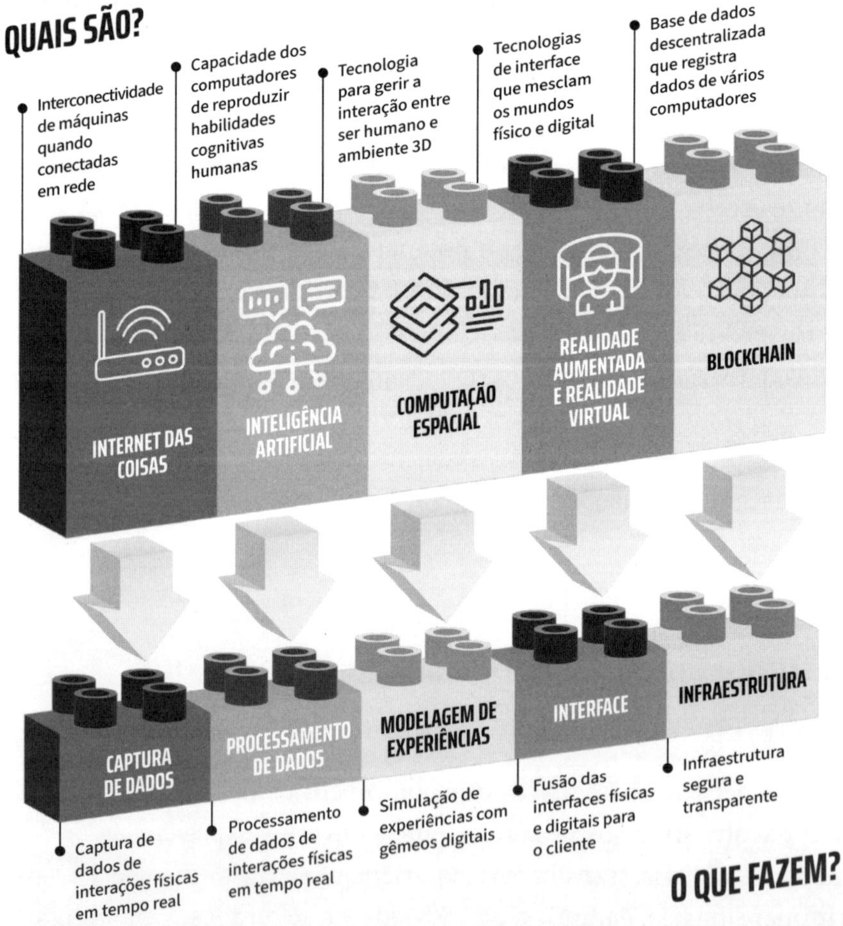

Figura 5.3 Cinco tecnologias fundamentais que turbinam o metamarketing

PERGUNTAS PARA REFLEXÃO

- Como sua empresa tem usado as cinco tecnologias para criar experiências imersivas que misturem os mundos físico e digital? Existem áreas que poderiam ser melhoradas?
- O uso da tecnologia blockchain para criar metaversos vai alcançar o ponto da virada nos próximos anos? Você acredita que as experiências do cliente somente virtuais, no metaverso, são promissoras?

CAPÍTULO 6

Criando realidades estendidas

A experiência imersiva na vida real

Apesar do grande crescimento do e-commerce, os canais físicos de varejo continuam a dominar as vendas. Segundo o Departamento de Comércio dos Estados Unidos, o e-commerce foi responsável por menos de 15% do total de vendas do varejo no país em 2022. Da mesma forma, na China, o maior mercado de e-commerce do mundo, essa participação ainda está abaixo de 30%, segundo a Euromonitor.

Reconhecendo essa tendência, até mesmo gigantes da tecnologia como Apple e Amazon continuam priorizando suas estratégias de lojas físicas. Conhecida pela abordagem centrada na experiência do cliente com seus produtos, a Apple estende essa filosofia às suas lojas. A marca detém, inclusive, o título de maior vendedora anual por metro quadrado entre os varejistas, gerando impressionantes 59.200 dólares, em comparação com os 31.200 da Tiffany & Co., segundo relatório da CoStar.

Por sua vez, a Amazon segue explorando e fortalecendo sua presença no espaço físico do varejo. A aquisição recorde da Whole Foods, em 2017, exemplifica esse compromisso. Posteriormente, a Amazon expandiu sua rede para novos locais, aprimorando a experiência de compra ao implementar sua própria tecnologia de checkout. Além disso, experimentou vários formatos de lojas sob sua marca, como Amazon Go, focada em alimentos; Amazon Fresh, centrada em hortifrutigranjeiros; e Amazon Style, voltada para a moda. Ao fechar lojas com baixo desempenho e abrir outras, bem localizadas, a Amazon busca ativamente refinar sua estratégia de varejo físico.

Apple e Amazon também têm utilizado amplamente as mídias out-of-home (OOH) nas campanhas de marketing para atrair clientes e reforçar suas estratégias de lojas de varejo. De acordo com a Associação Americana de Publicidade Out-of-Home, ambas as empresas estão entre os cinco maiores anunciantes OOH, o que inclui outdoors, mídia de trânsito e publicidade ao ar livre.

As tendências atuais indicam que os canais físicos continuarão favoráveis nos próximos anos. Segundo estudos recentes, os clientes voltaram a comprar em lojas físicas à medida que as restrições da pandemia diminuíram, e talvez por terem sofrido fadiga digital nos últimos anos. Uma pesquisa da Mood Media concluiu que 71% dos clientes em todo o mundo estão comprando em lojas físicas com frequência igual ou até superior à de antes da pandemia.

A predileção crescente por compras físicas parece aplicar-se até mesmo aos grupos demográficos mais jovens. Por exemplo, a McKinsey revelou que, apesar de comprar muita coisa on-line, a geração Z é mais propensa a fazer compras em lojas físicas do que a geração Y em 25 categorias. Além disso, uma pesquisa da A.S. Watson mostrou que a geração Z prefere comprar produtos presencialmente em setores como o de beleza, que demanda interação social.

Esses dados indicam que os espaços físicos de varejo permanecem fundamentais para a maioria das experiências do cliente. Por isso pode ser mais necessário se concentrar na criação de ambientes imersivos no mundo real do que apenas em domínios virtuais, como o metaverso. Essa abordagem costuma ser chamada pelas gerações mais jovens de "marketing IRL", em contraste com o "marketing URL". IRL significa *in real life* (na vida real), o que enfatiza as interações em espaços físicos. Por outro lado, URL (*uniform resource locator*, um termo técnico para um endereço da web) refere-se a interações on-line por meio de canais digitais.

O marketing IRL inclui uma série de ambientes que agregam os consumidores, como lojas de varejo, lojas efêmeras, restaurantes, publicidade OOH, ativações de marca, eventos corporativos, showrooms e centrais de experiência. Esses locais oferecem oportunidades preciosas de engajamento e interações diretas com o consumidor.

A reinvenção do "terceiro lugar"

O conceito de espaço IRL remonta ao final da década de 1980, quando o sociólogo Ray Oldenburg cunhou o termo "terceiro lugar": um local físico que proporciona experiências sociais longe de casa e do trabalho (primeiro e segundo lugares, respectivamente). Enquanto a casa representa um santuário de privacidade e o escritório propicia um ambiente formal, o terceiro lugar oferece uma atmosfera mais comunitária. Alguns exemplos são cafés, restaurantes, livrarias, bares, academias, shoppings, bibliotecas e parques.

O terceiro lugar costuma ser um espaço inclusivo, acessível a novos e antigos visitantes, de diversas origens socioeconômicas, pois o custo de entrada é zero ou baixo para a maioria das pessoas. O foco principal é a interação social, proporcionando um ambiente onde as pessoas possam conversar e estabelecer conexões. Por isso o ambiente é acolhedor e muitas vezes lúdico (Figura 6.1).

Diversas marcas adotaram com sucesso o conceito de terceiro lugar nas últimas décadas. A Starbucks, por exemplo, há muito tempo vem incorporando essa ideia ao transformar suas lojas em points de encontro e socialização entre amigos. A rede oferece cadeiras confortáveis, música ambiente e decoração aconchegante. Também foi uma das primeiras a disponibilizar wi-fi gratuito e pontos de recarga, permitindo que o cliente passe mais tempo na loja.

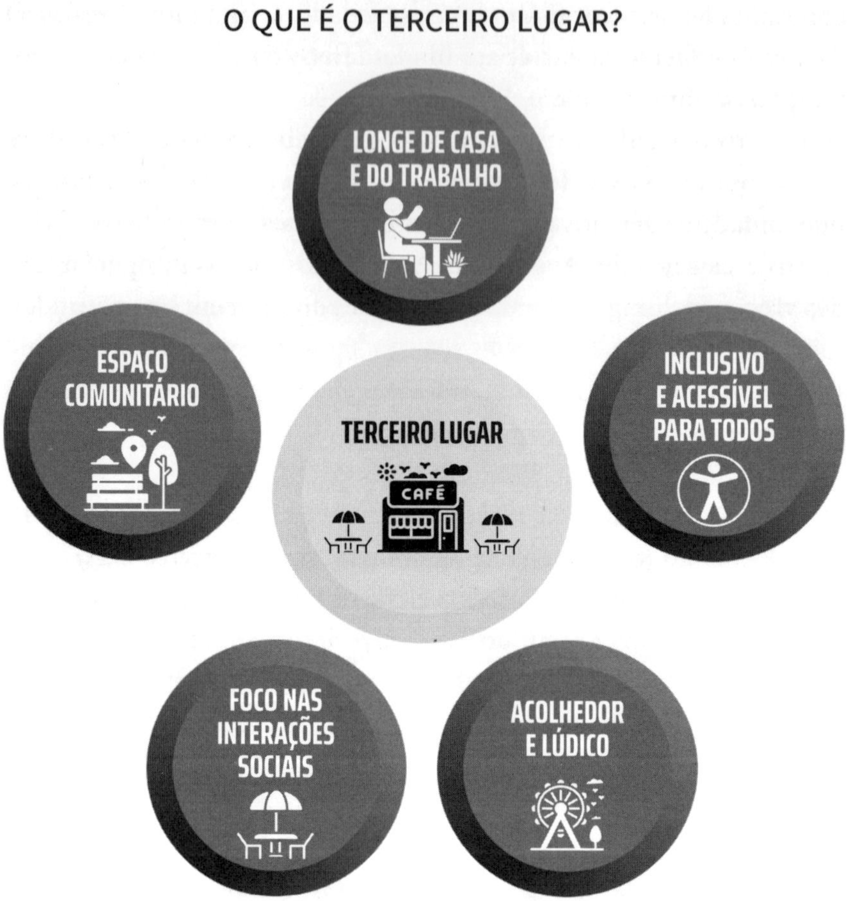

Figura 6.1 Definição de terceiro lugar

Restaurantes de fast-food também se tornaram alternativas populares de terceiro lugar para grupos demográficos específicos nos Estados Unidos, especialmente idosos e cidadãos de baixa renda. Comida a preço acessível e wi-fi gratuito atraem esses grupos ao McDonald's, por exemplo, onde podem se conectar uns com os outros.

As Apple Stores adotam uma filosofia de "praça pública moderna" alinhada com o conceito de terceiro lugar. Graças à localização estratégica e ao belo design, a Apple ressignificou suas lojas como espaços semipúblicos, convidando os clientes a interagir com suas comunidades. No cerne desse conceito está o programa "Today at Apple", que oferece aulas de atividades criativas, como sessões de fotografia ou programação, com o objetivo de juntar as pessoas e descobrir novas habilidades. Essas aulas gratuitas também servem para aproximar o público dos produtos premium da marca, permitindo que um número maior de pessoas os experimente.

Hoje, as gerações mais jovens atribuem à tecnologia digital a função de terceiro lugar. Dedicam muito tempo às redes sociais e aos mundos virtuais, conectando-se com familiares e amigos. Mesmo dentro de lojas físicas, como Starbucks e McDonald's, os jovens voltam sua atenção inteiramente para o mundo virtual.

Na verdade, eles têm um ponto de vista muito diferente em relação ao terceiro lugar, por estarem acostumados a trabalhar em qualquer ambiente com a ajuda da tecnologia. Ao contrário das gerações anteriores, os jovens nem sempre fazem uma distinção clara entre os ambientes doméstico e profissional, tornando menos relevante o conceito tradicional de terceiro lugar.

Trata-se de um comportamento que causa preocupação quanto ao bem-estar. Segundo estudo encomendado pela Cigna, a geração Z é a mais solitária de todas, com um "índice de solidão" de 73%. Uma pesquisa realizada pela Harmony Healthcare IT também revelou números alarmantes: 42% dos indivíduos da geração Z foram diagnosticados com problemas de saúde mental, e impressionantes 85% sentem-se apreensivos em relação ao futuro.

Essa pesquisa ressalta ainda mais o impacto da pandemia sobre os níveis de ansiedade, pois as restrições e os lockdowns reduziram significativamente as interações pessoais e as oportunidades de socialização. Mesmo para as gerações mais jovens, interagir com outras pessoas em espaços físicos continua sendo crucial para a felicidade.

Somos intrinsecamente seres sociais. Apesar dos avanços tecnológicos, a conexão social continua sendo uma necessidade humana básica e atemporal. Isso nos lembra que o propósito primordial de um local físico é ensejar e fomentar interações. Quando um local deixa de cumprir essa função, seu valor diminui. Assim, estabelecimentos de varejo que dão prioridade somente à questão transacional correm o risco de serem ofuscados pela praticidade e pela eficiência do e-commerce.

É importante, porém, observar que o terceiro lugar pode incorporar elementos digitais. Segundo uma pesquisa da PwC, o cliente espera uma experiência de compra física aprimorada, facilitada ou mediada por tecnologias digitais.

Quando a configuração física é aliada a elementos digitais, nós referimos a ela como "realidade estendida", termo técnico que engloba as três interfaces físico-digitais: realidades aumentada, virtual e mista. No entanto, o termo também pode se referir a ambientes IRL aumentados com experiências digitais, ampliando os limites do domínio físico.

São cinco as abordagens que incorporam tecnologias digitais em espaços físicos e criam essas realidades estendidas, resultando numa experiência mais imersiva para o cliente (Figura 6.2).

Transações fluidas

Um dos principais desafios associados aos espaços físicos é o considerável tempo necessário para concluir as transações, o que fica patente diante das longas filas e dos demorados checkouts. A boa notícia é que as empresas têm como resolver esse problema adotando tecnologias inovadoras que agilizam o processo de transação.

A Amazon Go, por exemplo, lançou um sistema de checkout inteligente, agora disponível para outros varejistas por meio da Amazon Web Services. Uma vez instalado na loja, o sistema identifica o comprador e captura automaticamente suas informações de pagamento digital. Além disso, utiliza tecnologia avançada para reconhecer os itens que o cliente retira das prateleiras. Assim, o consumidor é cobrado instantaneamente pelos itens que leva e pode fazer o checkout da loja de forma prática, recebendo a nota fiscal por e-mail.

EXTENSÃO DAS REALIDADES FÍSICAS

TRANSAÇÕES FLUIDAS
Exemplos: checkout inteligente, pagamento sem contato

RECOMENDAÇÕES CONTEXTUAIS
Exemplos: provador virtual, leitor de humor

ENGAJAMENTOS INTERATIVOS
Exemplos: telas interativas, gamificação na loja

DESCOBERTAS AUMENTADAS
Exemplos: aplicativo com QR code e "modo in-store", wayfinding digital

PRÉ E PÓS-EXPERIÊNCIA
Exemplo: integração com o aplicativo de celular

Figura 6.2 Tecnologias digitais no terceiro lugar

Outro exemplo digno de nota é o chamado "comércio sem contato", exemplificado pela Nike em sua loja-conceito em Nova York. O cliente reserva um calçado on-line, que fica armazenado num escaninho específico na loja. Depois, usando o celular, ele pode desbloquear o escaninho, experimentar o calçado e comprar sem esperar na fila. Essa abordagem segue um modelo chamado BOPIS (*buy on-line, pick-up in store*, compre on-line e retire na loja), que oferece ao cliente uma experiência de compra prática que poupa tempo.

O advento do e-commerce gerou no cliente uma expectativa maior de que as transações sejam convenientes e descomplicadas. Por conta disso, elas são frequentemente vistas como o ponto de contato menos importante na jornada do cliente nos canais físicos, e tudo que o consumidor deseja é minimizar o tempo gasto com elas.

No entanto, ironicamente, as transações muitas vezes se tornam o ponto de contato mais incômodo, roubando um tempo precioso de interações mais significativas que os espaços físicos possibilitam. Por isso a implementação de tecnologias sem atritos melhora a experiência presencial do cliente.

Recomendações contextuais

A ascensão das redes sociais e do e-commerce estimulou a demanda por experiências personalizadas. As gerações mais jovens – consideradas nativas da inteligência artificial – acostumaram-se a receber conteúdo personalizado e sugestões de produtos perfeitamente alinhadas às suas preferências.

Em termos de personalização, as experiências presenciais estão defasadas atualmente. No entanto, as empresas podem adotar tecnologias digitais para promover a personalização, disponibilizando mensagens e ofertas customizadas durante toda a jornada na loja.

Um exemplo é o provador virtual. Outra iniciativa revolucionária é o UMOOD, da Uniqlo australiana. Trata-se de um dispositivo que usa tecnologia neural para "ler" as emoções do cliente e recomendar camisetas com base em seu humor. O cliente usa um "neurofone" que analisa suas ondas cerebrais enquanto ele recebe diferentes estímulos. Em seguida, um algoritmo personalizado analisa as respostas neurológicas para determinar seu estado de espírito e sugerir a camiseta ideal para aquele momento.

A implementação de experiências personalizadas dentro das lojas pode representar uma forte diferenciação em setores cada vez mais comoditizados, como o de vestuário, que sofre com imitações e promoções da concorrência. As empresas podem evitar a comoditização alavancando a personalização, sobretudo quando ela se baseia nos dados dos clientes.

Além disso, a personalização é essencial quando há uma variedade avassaladora de opções para o cliente, o que dificulta encontrar o produto certo na loja sem assistência tecnológica. Num mundo sobrecarregado de conteúdo, a capacidade de interagir diretamente com os clientes e oferecer recomendações personalizadas tem cada vez mais valor.

Engajamentos interativos

Com o uso generalizado de smartphones, nos acostumamos a navegar pelas interfaces digitais por meio de gestos de toque e deslizamento. Além disso, como os aplicativos popularizaram produtos e serviços digitais, a interação com as telas se tornou natural para a maioria das pessoas.

Os espaços físicos também podem adotar a interatividade, oferecendo interfaces de usuário e experiências que aproveitem essa familiaridade com a mídia digital. A Bloomingdale's, por exemplo, testou vitrines interativas numa ação promocional da Ralph Lauren, com grandes telas sensíveis ao toque. Quem passava podia interagir com as telas e alterar as imagens dos produtos exibidos. Além disso, dava para usar um aplicativo para comprar certas peças.

A Timberland também explorou essa abordagem, mas com uma pequena variação, usando gestos com as mãos para navegar pela interface digital. Isso permitia ao transeunte usar o recurso da experiência sem toque para cada produto dentro da loja mesmo sem entrar, o que atraía um maior tráfego de pessoas.

Os varejistas também podem tirar proveito dos aplicativos, que são uma ferramenta prática para implementar estratégias de gamificação. Um bom exemplo é a loja da Burberry em Shenzhen, na China, que fez uma parceria com o WeChat (o popular aplicativo de mensagens chinês) para implantar a gamificação in-store. Os clientes que são membros do programa de fidelidade podem coletar "moedas sociais" à medida que interagem com os produtos exibidos na loja. Esses pontos acumulados podem então ser trocados por recompensas exclusivas, entre elas avatares atualizados, acesso a um menu secreto de refeições, ingresso para eventos VIP e acesso a uma sala oculta.

Como o cliente atual passa muito tempo nas telas e anseia por interatividade, ele deixou de caminhar entre prateleiras físicas e passou a rolar páginas digitais. Para competir com os sites de e-commerce, os espaços físicos devem adotar interfaces e experiências de usuário semelhantes, com as quais o cliente esteja acostumado.

Descobertas aumentadas

As gerações mais jovens são pragmáticas e avaliam cuidadosamente os produtos, comparando-os com alternativas antes de tomar a decisão de compra. O surgimento do e-commerce simplificou esse processo ao oferecer acesso conveniente a detalhes dos produtos, avaliações de clientes e comparação de preços. É mais fácil acessar essas informações do que buscar a ajuda do pessoal da loja, o que confere ao e-commerce uma vantagem sobre as lojas físicas.

Além disso, informações como avaliações de clientes são consideradas mais confiáveis do que o discurso dos vendedores nas lojas. É por isso que o cliente costuma adotar a abordagem "showrooming", usando o smartphone para pesquisar produtos enquanto se encontra na loja física. Assim, pode comprar o produto on-line logo depois de realizar a pesquisa, o que representa uma oportunidade desperdiçada pela loja.

Hoje em dia é possível usar a descoberta de informações para incrementar a experiência presencial. Uma das abordagens envolve a utilização de aplicativos de celular com "modo in-store". Eles permitem ao cliente ler o QR code de cada produto e obter acesso a informações detalhadas, como se estivesse comprando on-line. Além disso, no aplicativo da marca o cliente pode conferir quais produtos estão com promoções exclusivas na loja, evitando uma compra mais cara em plataformas de e-commerce. Entre os varejistas que usam essa abordagem estão Best Buy e The Home Depot.

Ao apresentar detalhes do produto no aplicativo, o varejista também pode dar sugestões estratégicas de itens complementares ou acessórios que combinem com o produto escaneado. Por exemplo, um cliente que escaneia uma televisão pode receber recomendações de sistemas de som, suportes de parede ou aparelhos de streaming. Essa estratégia de merchandising cruzado aumenta as chances de vendas adicionais e ajuda o cliente a descobrir e comprar de forma prática todos os componentes necessários de uma só vez.

Outra abordagem para a descoberta in-store é o "wayfinding digital", implementado por grandes varejistas americanos, como The Home Depot e Lowe's. Eles usam sistemas de wayfinding com realidade aumentada, que fornecem mapas da loja e orientam o cliente para seções específicas onde ele pode encontrar determinado produto.

Além disso, alguns aplicativos permitem a pesquisa visual. O consumidor pode simplesmente tirar uma foto de um produto no qual esteja interessado e então o aplicativo pesquisa instantaneamente o catálogo e direciona o cliente para o produto ou outro semelhante. Essa abordagem ajuda a tornar a experiência na loja mais adequada para as gerações mais jovens e permite que a empresa preencha a lacuna entre os domínios físico e digital.

Pré e pós-experiência

Por fim, para aprimorar o espaço físico por meio da tecnologia, é necessário garantir sua integração perfeita com o estilo de vida digital, mesmo quando as pessoas estiverem fora do ambiente físico. As empresas precisam ser proativas e antecipar as experiências dos visitantes antes que eles adentrem a loja, e estender o envolvimento para muito depois de terem saído. Assim, podem manter o engajamento ao longo do tempo.

Uma abordagem prática é a integração da experiência físico-digital com aplicativos de celular, que servem como uma ferramenta onipresente que acompanha o cliente dentro e fora da loja. Diversos recursos digitais usados pela loja física podem ser incorporados ao aplicativo, permitindo que o cliente reproduza a experiência em qualquer lugar.

A Nike, por exemplo, usou essa abordagem na Nike Live, uma loja exclusiva para associados que coloca o aplicativo de celular no cerne da experiência presencial. A loja incentiva o usuário a usar o aplicativo para acessar coleções especiais e se engajar com a comunidade dentro da loja. Além disso, coleta dados valiosos dos clientes, permitindo que a Nike adapte suas ofertas e atividades. Por exemplo, a loja atualiza sua oferta de mercadorias duas vezes por semana, para acompanhar a evolução das preferências do entorno. Essa ênfase nas comunidades e no envolvimento dos membros é a essência do conceito de "terceiro lugar".

À medida que as gerações Z e Alfa adotam o estilo de vida físico-digital, torna-se imprescindível conectar as experiências em ambos os domínios. Essa abordagem atende às preferências de compras desses jovens e, ao mesmo tempo, os incentiva a manter interações pessoais, o que é benéfico para seu bem-estar.

Como projetar terceiros lugares imersivos

Ao criar um espaço IRL, é fundamental levar em conta o tema central, pois cada elemento do design transmite uma mensagem. Observe, por exemplo, os tons vibrantes de amarelo e vermelho das lanchonetes do McDonald's, que simbolizam felicidade e um apetite cada vez maior. De forma inversa, os painéis de vidro transparente do chão ao teto das Apple Stores representam uma estética refinada e minimalista. Combinados, esses elementos criam uma impressão geral que influencia as percepções em relação ao dono do espaço.

Assim, por meio de um design espacial específico, as marcas podem comunicar seu posicionamento e seus valores. Para uma empresa que tenta criar terceiros espaços excepcionais, é fundamental orquestrar habilmente esses elementos para garantir uma narrativa consistente e coesa. Resumindo, o design do espaço é uma excelente maneira de contar histórias e funciona como uma publicidade sutil.

Cada elemento do espaço físico também é um estímulo que desencadeia uma reação. Quando um visitante adentra uma área, sua mente processa quase simultaneamente esses estímulos múltiplos. Isso desperta emoções específicas, como alegria, entusiasmo ou relaxamento. Essas emoções preparam o visitante para os pontos de contato interativos subsequentes. Por exemplo, um ambiente menos intimidador e que passe a impressão de credibilidade pode aliviar o medo do paciente num hospital.

Mais importante que isso, os estímulos influenciam o comportamento do cliente na jornada inteira, da atração para entrar na loja até a compra, passando pela exploração dos produtos. Além disso, diferentes arranjos espaciais provocam impactos variados no comportamento do cliente. Assentos confortáveis e música relaxante, por exemplo, convidam a ficar mais tempo, enquanto poucos assentos e música animada desencorajam a permanência.

Cada elemento do ambiente físico atende a vários aspectos funcionais e artísticos. Uma área para o cliente se sentar, por exemplo, tem uma função clara, mas o tipo de assento escolhido pode ter um impacto significativo no clima geral, despertando reações diferentes. Um sofá de couro evoca luxo, enquanto banquetas dão um toque casual. Da mesma forma, uma mesa longa com seis cadeiras representa comunidade e união, enquanto mesas individuais são mais convidativas para quem busca privacidade.

Sintetizando, o espaço físico consiste em três componentes essenciais que, de forma colaborativa, narram uma história, despertam emoções e influenciam o comportamento. São eles: evidências físicas, processos e pessoas. A convergência desses elementos, orquestrados de forma eficaz, cria uma experiência IRL imersiva que deixa uma impressão duradoura e causa um impacto comercial significativo (Figura 6.3).

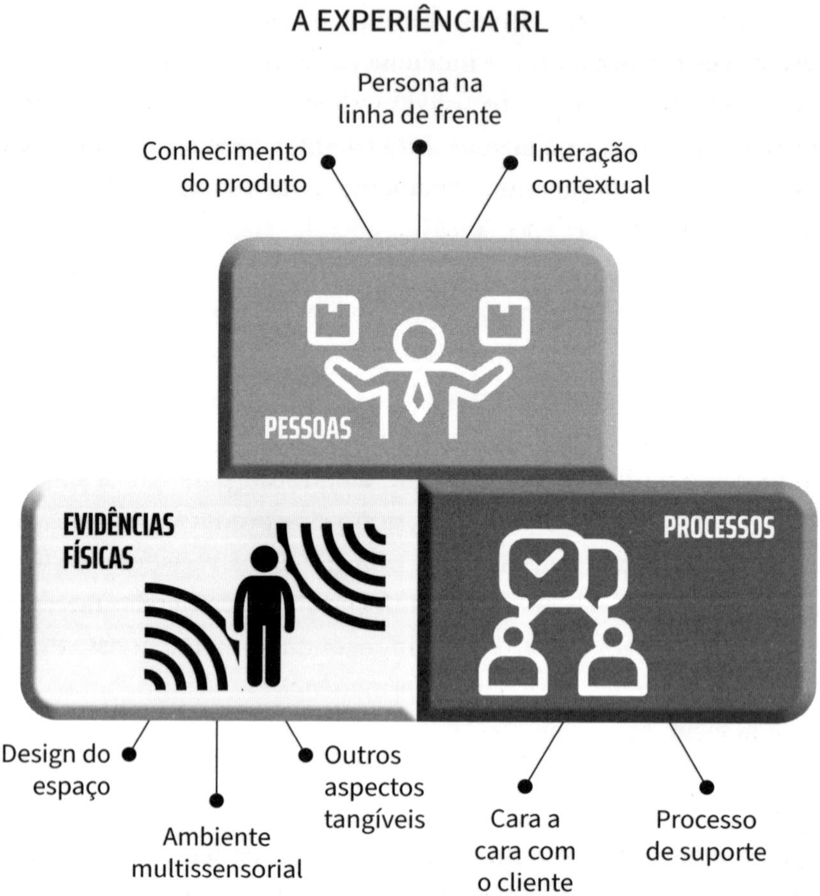

Figura 6.3 Componentes da experiência na vida real

Evidências físicas

As evidências físicas abrangem as "pistas" tangíveis que definem o espaço. O aspecto mais evidente é o próprio design espacial. Por exemplo, as lojas da IKEA são caracterizadas por showrooms que reproduzem vários cômodos de uma casa, como sala de estar, escritório, quarto e cozinha. O layout é meticulosamente organizado para guiar o cliente por um caminho predeterminado, garantindo que ele passe por todas as seções.

A jornada normalmente termina no grande salão, onde a IKEA oferece acessórios, e na área de autoatendimento, onde o cliente pode adquirir os produtos que viu nos showrooms. Além disso, há dentro da loja um restaurante e um café que servem de espaço comunitário.

As evidências físicas também abrangem elementos multissensoriais que complementam o design visual. A música de fundo e os aromas do ambiente estão entre os mais comuns. Por exemplo, a Starbucks é conhecida por suas playlists que vão do coffeehouse ao hip-hop. A marca também utiliza um aroma próprio de café, que é vital para definir a experiência da loja.

Além disso, as evidências físicas incluem outros elementos tangíveis, como o uniforme dos funcionários, produtos de marca própria e cartões de visita. Esses elementos transmitem ao cliente sinais claros sobre a finalidade do espaço e, o que é mais importante, sobre a essência da marca. Portanto, é fundamental que as empresas selecionem cuidadosamente evidências físicas que representem bem o que elas defendem.

Processos

No ambiente físico da experiência do cliente, existem dois tipos de processos. Um deles é visto e vivenciado diretamente pelo consumidor. São processos que, em geral, refletem a jornada do cliente, abrangendo os diversos pontos de contato dentro do espaço.

Por exemplo, numa experiência típica na loja da Starbucks, o cliente entra na fila, faz seu pedido, efetua o pagamento e recebe seu café. Alguns clientes podem até achar prazeroso ver seu café sendo preparado atrás do balcão.

Por outro lado, alguns processos ocorrem nos bastidores, longe dos olhos do cliente, mas são essenciais para garantir a experiência desejada. Por exemplo, funcionários cuidam do estoque de café, garantem que os equipamentos estejam em ordem e configuram o sistema de ponto de venda todas as manhãs, antes de a loja abrir as portas para o público.

Ambos os tipos de processos são vitais para a experiência do cliente. Uma falha numa única etapa pode ter um efeito arrasador nas etapas posteriores. Para projetar processos eficazes, as empresas precisam estudar como os clientes se orientam dentro do espaço e interagem com seus elementos.

Embora as evidências físicas possam ser consideradas acessórios que definem o espaço, é o processo que comanda a operação geral. Ele facilita e coordena a interação do cliente com os demais elementos do espaço, como as evidências físicas e o fator final: as pessoas.

Pessoas

Fator mais importante, as pessoas são responsáveis pela diferença entre experiências IRL e URL. São o motivo pelo qual um espaço virtual nunca poderá reproduzir totalmente um terceiro lugar e o e-commerce enfrenta desafios para substituir o varejo presencial.

O papel das pessoas varia conforme o nível de envolvimento. Quando esse nível é alto, as interações interpessoais se tornam o aspecto mais significativo da experiência do cliente (volte ao Capítulo 4 para rever o espectro da experiência humana). No entanto, mesmo em cenários de baixo envolvimento, em que os clientes não esperam interações diretas com a equipe da empresa, o fator pessoal continua sendo preponderante, especialmente no que se refere à solução de problemas e ao tratamento de reclamações.

O fator pessoal representa o maior desafio, um grande diferencial difícil de reproduzir. As empresas precisam recrutar indivíduos com "personas" que se harmonizem com as evidências físicas e os processos. Por exemplo, um espaço minimalista com processos enxutos exige pessoas ágeis e capacitadas para resolver problemas. Em alguns casos, encontrar uma correspondência exata para a persona desejada pode ser uma tarefa complexa, exigindo treinamentos de longo prazo. Em geral, as habilidades necessárias incluem conhecimentos técnicos (sobre o produto, por exemplo) e talentos interpessoais (como saber entregar serviços personalizados).

A tripulação de cabine das companhias aéreas é um exemplo disso. Um comissário de voo normalmente atende cerca de cinquenta passageiros no espaço minimalista de uma aeronave. São solucionadores de problemas pessoais, encontrando alternativas adequadas para lidar com situações como exigências alimentares imprevistas. Frequentemente, a experiência deles também é testada no trato de cenários inesperados, como emergências médicas ou turbulência. As competências e a experiência da tripulação podem fazer a diferença na experiência geral da companhia aérea. Por exemplo, a Singapore Airlines e sua renomada tripulação "Singapore Girl" aprimoram a experiência do cliente com a hospitalidade asiática e, inclusive, já ganharam diversos prêmios no setor.

Com um gerenciamento eficaz, as pessoas podem entrar em sintonia com as evidências físicas e os processos para proporcionar ao cliente uma experiência coesa de storytelling. A Singapore Girl é um ótimo exemplo, desempenhando um papel fundamental na definição da marca, talvez até mais que as aeronaves modernas e o processo de reserva eficiente.

Resumo: A experiência imersiva na vida real

Apesar da ascensão do e-commerce, os canais físicos de varejo continuam sendo fundamentais para a experiência geral do cliente. Por isso, torna-se cada vez mais vital criar ambientes imersivos no mundo real em vez de se concentrar apenas em ambientes virtuais, como o metaverso. O conceito de "espaço físico ideal" está intimamente ligado à noção de "terceiro lugar": um ambiente físico, separado da casa e do trabalho, que oferece experiências sociais.

Para aprimorar ainda mais a experiência do cliente, é essencial integrar as tecnologias digitais aos espaços físicos e consolidar essas realidades ampliadas. As empresas precisam incorporar recursos digitais às lojas físicas, como transações fluidas, recomendações contextuais, engajamentos interativos, descobertas aumentadas, e pré e pós-experiência. Fazendo isso, podem criar uma experiência mais imersiva para o cliente na vida real.

PERGUNTAS PARA REFLEXÃO

- Você vende seus produtos e serviços em locais físicos? Avalie as evidências físicas, os processos e as pessoas, e veja se criou uma história coerente para sua marca.
- De que maneira você pode integrar as tecnologias digitais aos locais físicos para torná-los mais imersivos?

CAPÍTULO 7

Explorando o metaverso

O futuro formato das plataformas sociais

O atual formato das redes sociais surgiu no início dos anos 2000 e ganhou força à medida que a internet, os computadores pessoais e os smartphones passaram a ser onipresentes. Desde então, as redes sociais se tornaram uma pedra angular da segunda versão da internet, ou Web2.

A Web2 representou uma evolução fundamental da internet, por ter ensejado a "economia das plataformas". Ao contrário da era da Web1, em que os usuários só podiam consumir conteúdo, a Web2 permite que eles produzam e compartilhem conteúdo em diversas plataformas.

Ao longo da progressão da Web2, testemunhamos a ascensão e o declínio de várias redes sociais, entre elas Friendster, Myspace e Google+. Durante esse período, as redes sociais evoluíram como plataformas. Aquelas que são predominantes nos dias de hoje – como Facebook e Instagram (ambas da Meta), TikTok e X – permitem que os usuários se conectem, criem e compartilhem conteúdo multimídia. Normalmente elas geram receita ao propiciar uma plataforma para anunciantes.

Nos últimos vinte anos, as redes sociais passaram por grandes mudanças que culminaram nos desafios atuais. Inicialmente destinadas à conexão de amigos e conhecidos, elas evoluíram para uma forma alternativa de mídia de massa que atinge um vasto público. O crescimento da base de usuários contribuiu em parte para essa mudança, juntamente com plataformas sociais que buscam atender às demandas de grandes anunciantes por segmentação de grandes públicos, para melhorar o alcance.

Ao contrário das mídias de massa tradicionais, as grandes plataformas de redes sociais têm acesso a quantidades maciças de dados pessoais, que vão além da localização e dos dados demográficos, passando a incluir interesses e comportamentos. Isso permite que criem perfis detalhados dos usuários. Para os anunciantes, esses dados são preciosos para microtargeting e personalização, mas também geram preocupações relativas à proteção de dados e à privacidade.

Muitos usuários de redes sociais protegem a privacidade usando pseudônimos e evitando compartilhar fotos reais em seus perfis. O anonimato permitido depende muito da plataforma. Algumas, como o Facebook, exigem que os usuários se identifiquem com o nome real. Mesmo assim, o Facebook já teve que desativar bilhões de contas falsas ao longo dos anos.

Embora o anonimato possa proteger alguns usuários, também pode gerar consequências negativas. Ao contrário da mídia tradicional, o conteúdo das redes sociais não é moderado, pois os criadores de conteúdo são livres para publicar o que quiserem a fim de gerar engajamento. Essa falta de responsabilização pode levar a táticas abusivas, como disseminação de fake news, desinformação, cyberbullying e discurso de ódio.

O metaverso, considerado o símbolo da Web3, ou a próxima versão da internet, parece ser a próxima etapa natural na evolução das redes sociais e tem potencial para resolver alguns de seus problemas. De acordo com uma pesquisa realizada pela Accenture, a maioria dos usuários deseja que o metaverso ofereça um ambiente mais seguro que o das redes sociais. No entanto, no estágio atual, 55% dos entrevistados acreditam que o nível de segurança é o mesmo, e apenas 22% consideram o metaverso melhor que as redes sociais.

É fato que o metaverso ainda está se desenvolvendo rumo a seu estado ideal. Segundo um estudo realizado pelo Pew Research Center e pelo Imagining the Internet Center, da Universidade de Elon, 54% dos especialistas em tecnologia preveem que até 2040 o metaverso se tornará muito mais sofisticado, influenciando o estilo de vida de mais de meio bilhão de pessoas no mundo inteiro.

Além de oferecer uma experiência mais imersiva que as redes sociais, o metaverso tem o potencial de oferecer mais segurança e privacidade, principalmente por meio da tecnologia blockchain. Graças a ela, os usuários podem ter mais controle sobre seus dados e desfrutar de mais segurança. No entanto, ainda não se sabe como o metaverso conseguirá lidar de forma eficaz com o desafio da moderação de conteúdos nocivos.

O que é o metaverso?

O conceito de metaverso ainda é relativamente novo no mundo dos negócios. Ganhou atenção significativa entre 2021 e 2022, em parte devido ao rebranding do Facebook como Meta, um esforço da principal plataforma de redes sociais para manter uma vantagem competitiva diante de um panorama em transformação.

Desde então, vários estudos projetaram um futuro promissor para o metaverso. A Gartner prevê que até 2026 uma em cada quatro pessoas no mundo passe pelo menos uma hora por dia num metaverso, nas mais diversas atividades. Da mesma forma, a McKinsey estima que até 2030 o metaverso possa gerar até 5 trilhões de dólares em valor. À medida que as empresas aprendem a lidar com o conceito de metaverso, muitas exploram seu potencial de beneficiar efetivamente suas operações.

Embora 2021 seja considerado, de modo geral, o ano inicial do hype em torno do metaverso, a ideia foi cunhada em 1992, no romance de ficção científica *Snow Crash*, de Neal Stephenson. O livro descreve o metaverso como um mundo virtual onde os usuários podem viver como avatares e escapar de uma realidade distópica. O metaverso também é visualmente retratado no filme *Jogador Nº 1*, de 2018, dirigido por Steven Spielberg e baseado no romance homônimo de Ernest Cline. O filme se passa em 2045, quando uma parte significativa da humanidade utiliza o OASIS, uma simulação de realidade virtual, para escapar do mundo real.

O metaverso também tem origem no setor de jogos. Suas primeiras representações podem ser vistas em jogos como *Sim City* (lançado em 1989) ou *Second Life* (lançado em 2003). Hoje, praticamente todas as plataformas de metaverso disponíveis, que incluem Roblox, Fortnite, The Sandbox e Decentraland, são antes de tudo plataformas de jogos que permitem criar mundos dentro delas.

O prefixo "meta", de origem grega, designa algo que "vai além" ou "ultrapassa". Logo, o metaverso como conhecemos hoje se refere a um reino virtual que transcende as limitações do mundo físico. Também pode, porém, ser visto como um reino digital que imita de perto o mundo físico – inclusive as interações entre réplicas digitais de seres humanos e objetos – e que pode ser um meio alternativo para os profissionais de marketing interagirem com o consumidor.

O metaverso também se baseia na ideia de Web3 – termo cunhado em 2014 por Gavin Wood, cofundador da Ethereum. Ele imaginou a Web3 como a próxima fase da internet, após a Web1 e a Web2. A Web1, como já vimos, foi o estágio inicial da internet (entre 1989 e 2004), em que os usuários apenas consumiam conteúdo sem terem a oportunidade de criá-los. Gostamos de dizer que essa fase da internet era "centrada no produto".

Isso mudou em 2004, quando a internet foi "relançada" como uma plataforma em que os usuários poderiam produzir e compartilhar conteúdo. O início da Web2 foi marcado pelo surgimento de plataformas como Facebook, Google e Amazon – que representavam, respectivamente, as redes sociais, os mecanismos de busca e as plataformas de e-commerce. É a versão da internet "centrada no cliente".

A transição da Web1 para a Web2 é uma questão de empoderamento do usuário, objetivo principal do desenvolvimento da internet ao qual a Web3 pretende dar continuidade (Figura 7.1). Os defensores da Web3 argumentam que na Web2, embora os usuários sejam criadores ativos, a maior parte do conteúdo continua sendo apropriada e controlada pelas plataformas. Eles imaginam no futuro, em vez disso, uma internet descentralizada sem intermediários, em que os criadores de conteúdo e os clientes estejam conectados de forma direta e segura por meio de blockchain. Os usuários poderão criar, possuir e até mesmo vender conteúdos e ativos digitais e ter mais controle sobre seus dados. Isso também reduziria as ineficiências inerentes à atual economia de plataforma. Essa é a versão da internet "centrada no ser humano".

Figura 7.1 A evolução da internet

Hoje existem dois tipos de metaverso (Figura 7.2). O primeiro é descentralizado e inclui plataformas como The Sandbox, Decentraland, Axie Infinity e Upland. O segundo é centralizado e consiste em plataformas como Roblox, Fortnite, Minecraft, Second Life e Horizon Worlds. A distinção entre eles se baseia na estrutura de governança do metaverso. Os descentralizados são governados por uma comunidade de usuários, enquanto os centralizados são geridos por uma única entidade, geralmente a empresa que os desenvolve.

Os metaversos descentralizados costumam ser considerados o ápice da Web3, definida como uma versão descentralizada da internet em que o poder não está apenas nas mãos das grandes plataformas, mas distribuído entre a comunidade de usuários. Portanto, o tipo descentralizado pode ser classificado como o metaverso da Web3, enquanto o tipo centralizado seria o metaverso da Web2.

METAVERSO DESCENTRALIZADO VS. CENTRALIZADO

METAVERSO DESCENTRALIZADO

- Governado por uma comunidade de usuários numa organização autônoma descentralizada
- Alimentado pela tecnologia blockchain
- Exemplos: The Sandbox, Decentraland, Axie Infinity e Upland

METAVERSO CENTRALIZADO

- Governado por uma única entidade, em geral empresas de plataforma
- Alimentado pelas plataformas
- Exemplos: Roblox, Fortnite, Minecraft, Second Life e Horizon Worlds

Figura 7.2 Os dois tipos de metaverso

No final de 2022, os metaversos descentralizados perderam popularidade após um início de ano promissor. O Axie Infinity, por exemplo, tinha 400 mil usuários ativos diários no final de 2022, contra 2 milhões no início do ano. Isso se deveu em parte aos crashes das criptomoedas e dos NFTs no mesmo ano, o que levantou dúvidas sobre a tecnologia de blockchain descentralizada.

Apesar desse declínio, os metaversos descentralizados lançaram novidades, ainda que controversas, no setor de games, graças ao blockchain. Um exemplo é o modelo play-to-earn ("jogar para ganhar") do Axie Infinity, em que o jogador pode comprar NFTs de monstros virtuais e colocá-los em combate com outros. Os vencedores são, então, recompensados com criptomoedas que podem ser trocadas por dinheiro.

Outra inovação digna de nota no metaverso descentralizado é a "economia de criadores", alimentada por criptomoedas e certificados NFT. Em plataformas como a Decentraland, o usuário pode comprar e vender terrenos virtuais, enquanto na The Sandbox ele pode criar games e cobrar de outros usuários para jogá-los. Essas inovações oferecem aos criadores novas maneiras de monetizar seu trabalho e, aos usuários, de interagir na economia do metaverso.

Por outro lado, os metaversos centralizados demonstraram mais resiliência. Por exemplo, os dados mais recentes mostram que Roblox, Minecraft e Fortnite têm, respectivamente, 214 milhões, 178 milhões e 80 milhões de usuários ativos por mês.

Além disso, de acordo com a empresa de consultoria Metaversed, a média de idade dos usuários nos metaversos centralizados fica entre 12 e 13 anos, e mais de 83% têm menos de 18 anos. Isso também explica, em parte, por que os metaversos descentralizados são menos populares, pois a idade mínima para abrir uma carteira de criptomoedas, por lei, é 18 anos. No entanto, à medida que esses nativos do metaverso envelhecem e as plataformas melhoram, eles podem migrar para opções descentralizadas.

Basicamente, o metaverso funciona como o formato preferido de rede social para a geração Alfa e o subgrupo mais jovem da geração Z. Isso explica por que muitas marcas de várias categorias, do entretenimento aos serviços financeiros, passando por moda, esportes e alimentos e bebidas, estão explorando o metaverso para atingir esse segmento jovem com suas ofertas.

Por exemplo, o MTV Video Music Awards de 2022 incluiu a categoria "melhor desempenho no metaverso", com indicados que se apresentaram em shows no Roblox e no Fortnite. As marcas de calçados também exploram a experiência no metaverso, oferecendo catálogos de calçados virtuais como opções de personalização para os avatares dos usuários. Os calçados virtuais da Puma estão disponíveis na Meta, e os da Crocs podem ser encontrados no Minecraft. A Fidelity, empresa de serviços financeiros, também está ensinando os jovens a investir por meio de um game no Roblox e no Decentraland.

Componentes essenciais de um metaverso

Um metaverso plenamente funcional tem cinco componentes essenciais (Figura 7.3). Primeiro, todo metaverso tem *ativos virtuais*, que incluem ambiente e objetos. Segundo, os *avatares* servem como representações digitais dos usuários, permitindo que participem de várias experiências. Terceiro, a *experiência do usuário* determina como os ativos virtuais e os avatares interagem. Quarto, uma *economia de criadores* é necessária para que os usuários criem, comprem e vendam ativos digitais. E quinto, todo metaverso deve ter uma estrutura de *governança* que estabeleça regras e supervisione o desenvolvimento de seus diversos aspectos.

Ativos virtuais

O que torna o metaverso imersivo é o fato de ser construído em ambientes virtuais. São, em geral, locais em 3D, como mundos de jogos de plataforma inteira, espaços sociais e mercados virtuais. Podem ser

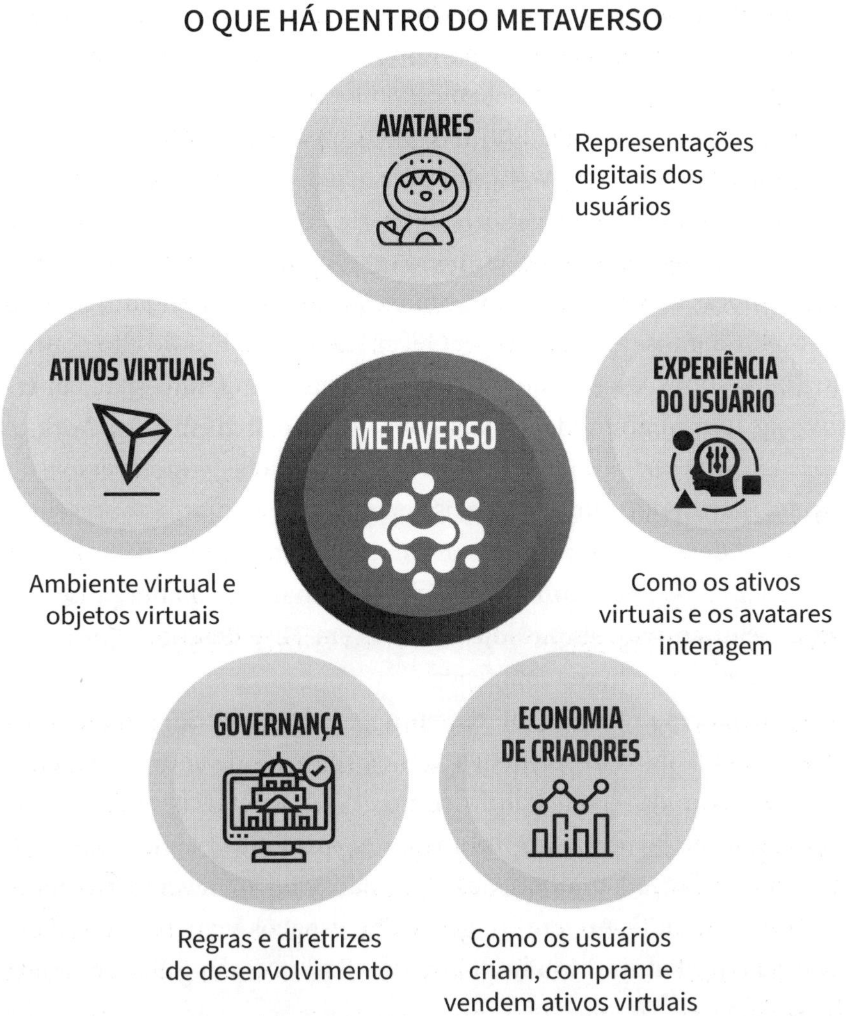

Figura 7.3 Os componentes essenciais de um metaverso

considerados a versão virtual das lojas físicas, dos centros de experiência do cliente e dos pontos de ativação das marcas.

As empresas reconhecem o potencial do metaverso como um espaço onde os clientes mais jovens passam um tempo significativo. Por isso estão investindo na criação de ambientes virtuais, inclusive comprando terrenos dentro do metaverso, como fizeram a PwC

Hong Kong e a Adidas, que adquiriram espaços no The Sandbox. Outras marcas foram ainda mais longe e criaram seus próprios mundos virtuais em plataformas de metaversos maiores, como a Nikeland e a Walmart Land no Roblox, ou o Wendyverse no Horizon Worlds.

No entanto, as lojas virtuais talvez sejam os ativos mais valiosos para as marcas e os profissionais de marketing no metaverso, pois espelham as estratégias que as empresas empregam no mundo físico para aprimorar a experiência do cliente e aumentar as vendas. Entre os exemplos dignos de nota estão a Gucci Vault, uma loja de alto padrão no The Sandbox, e a Samsung 837X na Decentraland, um espaço imersivo que tem como modelo a loja-conceito da marca em Nova York.

Essas lojas virtuais representam a convergência do metaverso e do varejo, oferecendo um jeito mais imersivo de as marcas apresentarem e venderem seus produtos on-line, em comparação com os sites convencionais de e-commerce, bidimensionais. O cliente pode navegar pelos corredores das lojas virtuais em 3D e descobrir produtos como se estivesse numa loja física.

O metaverso também oferece um grande potencial para que os comerciantes inovem suas ativações de marca – de shows virtuais a desfiles de moda –, engajando com isso faixas etárias mais jovens. A ativação da Hyundai no Roblox é um excelente exemplo disso. A montadora lançou uma ativação de marca no metaverso chamada Hyundai Mobility Adventure que exibe espaços virtuais como Festival Square, Future Mobility City, Eco-Forest, Racing Park e Smart Tech Campus.

O metaverso proporciona mais do que simples espaços virtuais; também apresenta produtos virtuais colecionáveis que os usuários podem comprar, possuir e até revender. Isso é particularmente possível em metaversos descentralizados, onde os ativos digitais podem ser "tokenizados" ou registrados no blockchain como NFTs. Isso representa uma oportunidade única para as marcas criarem réplicas digitais de seus produtos reais (de tênis a carros esportivos), que os usuários do metaverso podem incorporar a suas experiências virtuais.

Avatares

Na era da internet, as identidades digitais se consolidaram por toda parte. É comum usuários utilizarem nomes e fotos de perfil relativamente estáticos para se representarem nas diversas plataformas, como redes sociais e aplicativos de mensagens. As redes sociais permitiram ao usuário tornar sua identidade on-line mais dinâmica, atualizada com frequência por meio de status e publicações pessoais. Isso permite exibir personalidades e estilos em evolução. O conceito de identidade digital atinge agora um novo patamar com o advento do metaverso, onde os usuários estabelecem sua personalidade digital por meio do que é conhecido como "avatar".

O avatar é uma representação visual de um usuário, atuando como sua identidade no mundo virtual. Pense nele como um habitante do metaverso que o usuário pode controlar. Isso lhe permite navegar no ambiente virtual, interagir com outros usuários e utilizar ativos digitais.

O usuário pode personalizar seu avatar para que represente suas características físicas favoritas, assim como suas escolhas de maquiagem, vestuário e acessórios. Esse nível de personalização permite ao usuário se expressar e aprofundar a imersão ao brincar no metaverso.

Também representa uma oportunidade para as grandes marcas e os designers independentes criarem opções de personalização. Por exemplo, a Maybelline e a L'Oréal Professionnel fizeram uma parceria com a Ready Player Me, uma plataforma de criação de avatares, para oferecer aos usuários cinco opções de looks de maquiagem e estilos de cabelo no metaverso. Grifes como Nike e Gucci também lançaram a personalização de roupas.

Além de servir como uma forma de manifestação do usuário no metaverso, o avatar também pode desempenhar o papel de influenciador virtual. Por exemplo, a atriz Maisie Williams, que recentemente se tornou embaixadora global de sustentabilidade da H&M, foi transformada num avatar digital para interagir com os clientes dentro e fora do mundo virtual. Da mesma forma, a startup de aplicativos Genies lançou a Avatar Agency, que cria versões digitais de seus clientes famosos, entre eles DJ Khaled e Marshmello, para servirem como embaixadores de marcas.

O rápido avanço da IA permitiu que até mesmo personagens fictícios sejam o avatar de influenciadores virtuais, como demonstra o sucesso de FN Meka, um rapper virtual americano com mais de 1 bilhão de visualizações no TikTok, e a Lu do Magalu, a influenciadora virtual mais popular do mundo, com mais de 30 milhões de seguidores nas diversas redes sociais. Tanto no metaverso quanto no mundo real, as marcas podem integrar os influenciadores virtuais em suas estratégias de marketing e explorar sua grande base de fãs.

Experiência do usuário

O grau de imersão no metaverso depende fortemente da experiência do usuário, pois é ela que orienta a interação entre objetos digitais e avatares. As características distintas do metaverso determinam os requisitos básicos para a experiência do usuário. Em essência, o metaverso é um ambiente virtual dinâmico em constante transformação. Seus objetos digitais não são estáticos, já que o usuário pode interagir com eles e transformá-los.

Outro aspecto fundamental do metaverso é que ele deve se assemelhar ao mundo real para proporcionar uma experiência intuitiva ao usuário. Embora o avatar possa assumir formas não humanas e os objetos digitais possam ter designs futuristas, é preciso que haja um elemento de familiaridade. Os movimentos do avatar têm que espelhar os dos seres humanos, e os objetos devem se assemelhar aos seus correspondentes na vida real. Assim, o usuário consegue percorrer o mundo digital sem dificuldade, sabendo realizar ações como entrar num prédio ou usar uma ferramenta.

O metaverso também é uma experiência social compartilhada em que a coerência e a interatividade são cruciais. Por exemplo, quando cem pessoas entram no metaverso ao mesmo tempo e participam da mesma atividade, a experiência de cada uma deve ser coerente com a de todo o grupo. Além disso, é preciso que os usuários consigam interagir uns com os outros dentro do mesmo metaverso.

Essas características podem ser ilustradas pelo show virtual ao vivo de Marshmello no Fortnite, em que cada movimento foi renderizado no mundo virtual em tempo real. O show foi projetado de modo a imitar os shows reais de Marshmello, com deques no palco, atrações visuais e plateias dançantes. Mesmo com 10 milhões de participantes simultâneos, o Fortnite costuma dividir sua jogabilidade em grupos de cem jogadores, garantindo que cada usuário vivencie o mesmo ambiente que os outros 99.

Para garantir que o usuário permaneça engajado e motivado no metaverso, também é essencial incorporar a mecânica da gamificação, o que inclui metas, conquistas e incentivos. Essa estratégia ajuda o usuário a manter um senso de propósito e o leva a trabalhar em conjunto para realizar tarefas tecidas numa narrativa atraente. À medida que o usuário conclui as metas e atinge as conquistas, a fase seguinte da narrativa é desbloqueada, o que o mantém imerso e envolvido na experiência.

O Starbucks Odyssey é um excelente exemplo do uso da gamificação como aspecto fundamental da experiência do usuário. Trata-se de um programa associativo recém-lançado, baseado no blockchain e inspirado no programa de fidelidade da Starbucks, no qual o cliente acumula pontos e ganha prêmios. O programa incentiva seus membros a concluírem uma série de jogos interativos e desafios imersivos, batizados como "jornadas", para ganhar "selos de jornada" colecionáveis baseados em NFTs. Como incentivo, os assinantes podem obter experiências físicas e digitais imersivas, como aulas virtuais de preparo de café, eventos especiais nas Starbucks Reserve Roasteries ou viagens até a fazenda cafeeira da Starbucks na Costa Rica.

Esse modelo modificado de play-to-earn do metaverso descentralizado motiva ainda mais o usuário ao possibilitar que ele ganhe recompensas jogando, o que o incentiva a continuar retornando ao metaverso e a permanecer engajado.

Economia de criadores

As principais atrações do metaverso são a abundância de conteúdo e as experiências digitais. Os criadores de conteúdo desempenham um papel fundamental na produção desse material. O usuário também atua como criador e é altamente motivado, por conta da capacidade de gerar conteúdo e experiências ou de modificar os já existentes. Assim como as redes sociais, o metaverso representa uma oportunidade de ecossistema em ascensão de criadores de conteúdo e provedores de serviços, entre eles marcas, comerciantes on-line, designers de games, artistas digitais e influenciadores, o que alavanca a geração de receita através da plataforma.

Um fator importante que viabiliza essa economia de criadores é a presença de mercados disponíveis na maioria dos mundos virtuais. Esses mercados servem como plataformas para os usuários negociarem ativos digitais, entre eles imóveis virtuais, itens de personalização de avatar e outros objetos digitais. As transações nesses mercados costumam ser feitas com dinheiro de verdade, convertido em seguida na moeda do game (nos metaversos centralizados) ou em criptomoeda (nos descentralizados).

A tecnologia blockchain enseja a economia de criadores num metaverso descentralizado, exigindo que o criador de conteúdo crie NFTs para que seus ativos digitais participem do comércio no mundo virtual. Os NFTs funcionam como certificados exclusivos de propriedade de objetos digitais, permitindo o comércio seguro e o pagamento de royalties na revenda de ativos. Embora os metaversos centralizados ofereçam oportunidades semelhantes, seus criadores têm menos controle e domínio sobre o próprio trabalho.

A aquisição pela Nike da RTFKT, empresa criadora de tênis virtuais personalizados, é um excelente exemplo do potencial do mercado dos NFTs. Com essa aquisição, a Nike gerou 185 milhões de dólares no mercado do metaverso em 2022, o que inclui os royalties para o mercado de revenda. Ao contrário do mundo real, onde a receita é gerada apenas com as vendas primárias, no metaverso a Nike pode faturar com vendas primárias e secundárias.

Além dos ativos digitais, no metaverso os criadores podem elaborar experiências complexas. Um dos recursos exclusivos do metaverso é a capacidade, para o criador, de estruturar um local virtual onde suas comunidades possam se conectar, socializar e interagir diretamente com o criador. Por exemplo, a marca de tequila Patrón organizou um pop-up de verão na Decentraland, onde o usuário podia participar de missões para ganhar uma viagem na vida real.

Da mesma forma, o Walmart montou dois espaços de metaverso no Roblox – a Walmart Land e o Walmart's Universe of Play – que oferecem experiências interativas, shows virtuais e uma plataforma onde as marcas apresentam mercadorias virtuais. Essa experiência imersiva representa outra oportunidade de monetização para que o metaverso se torne uma nova mídia para publicidade e ativação de marca.

A economia de criadores dentro do metaverso oferece às empresas uma oportunidade lucrativa para gerar receita. Elas podem fazer parcerias com criadores para desenvolver e vender ativos digitais e, ao mesmo tempo, lançar mercados para o comércio de ativos. Além disso, podem criar experiências imersivas e locais virtuais dentro do metaverso, sem a necessidade de um trabalho interno de desenvolvimento.

Governança

É a estrutura de governança do metaverso que determina se ele é centralizado ou descentralizado. Num metaverso centralizado, a empresa que criou a plataforma elabora as regras e toma todas as decisões, como nas redes sociais. Por exemplo, a Meta controla o Horizon Worlds, e a Epic Games gerencia o Fortnite.

Em alguns casos, terceiros independentes podem revisar a tomada de decisões do proprietário da plataforma. Por exemplo, a Meta implantou o Conselho de Supervisão, um grupo independente de especialistas que analisa decisões importantes, especialmente aquelas relacionadas à moderação de conteúdo. Isso garante que a Meta não seja a única entidade responsável por esse tipo de decisão.

A Meta faz a nomeação dos primeiros membros do conselho, mas, terminado cada mandato, o conselho assume plena responsabilidade pela escolha dos membros posteriores. Para assegurar a independência do Conselho de Supervisão, a Meta também criou um fundo para cobrir seus custos operacionais.

Num metaverso descentralizado, a estrutura de governança é mais complexa. Um modelo que vem ganhando força é a organização autônoma descentralizada (DAO, na sigla em inglês), que não possui um órgão central de governança ou líder corporativo individual. O poder é, em vez disso, distribuído entre os membros, que tomam as decisões em conjunto. Por ser de propriedade coletiva, a DAO age como uma cooperativa, usando, porém, a tecnologia blockchain para viabilizar as operações.

Os membros da DAO são donos de crypto tokens – que atuam de forma semelhante às ações de uma empresa – e responsáveis pela gestão da organização. O processo de tomada de decisões na DAO é de baixo para cima. Seus membros atuam em nome do objetivo comum, em prol da organização. As propostas e as votações regem todas as decisões operacionais e financeiras, garantindo que todos os membros tenham voz. O blockchain permite a total transparência das decisões: nenhum membro pode acessar os recursos financeiros da DAO sem a aprovação dos demais.

Em várias situações, uma parte significativa dos tokens é atribuída aos fundadores e investidores das plataformas de metaverso, o que lhes concede o controle majoritário sobre a tomada de decisões. Para minimizar isso, alguns metaversos optaram por distribuir tokens de governança de forma equitativa entre os usuários da plataforma.

A propriedade imutável e a transferência transparente desses tokens ajudam a garantir que o poder decisório permaneça nas mãos da comunidade como um todo.

A popularidade das DAOs vai além da governança no metaverso. Esse modelo singular de organização é visto como uma alternativa da Web3 à estrutura corporativa tradicional. Segundo a DeepDAO, o modelo tem crescido rapidamente: há mais de 12 mil DAOs no momento. Em maio de 2023, essas DAOs geravam, em conjunto, 23 bilhões de dólares, envolvendo mais de 2 milhões de criadores de propostas e votantes ativos.

As DAOs podem revolucionar a maneira como os consumidores se envolvem com as marcas e participam da criação de produtos virtuais. Também são um jeito novo de os nativos do metaverso investirem seu dinheiro em metas compartilhadas. Os consumidores podem juntar seus fundos para criar uma DAO, fazer parcerias com marcas que operam no metaverso e gerir os rumos dessas parcerias. Um relatório recente da empresa de consultoria Long Dash constatou que 63% das gerações Z e Y querem ter mais influência sobre a tomada de decisões das marcas e, portanto, estão interessados em participar de DAOs.

Reagindo a isso, algumas marcas firmaram parcerias e criaram DAOs para expor os clientes ao ambiente do metaverso. Por exemplo, a Bud Light colaborou com a Nouns DAO para anunciar pela primeira vez sua DAO e seus NFTs num comercial do Super Bowl. A propaganda de 45 segundos contava quatro histórias que representavam maneiras de desafiar as normas tradicionais, como assistir a um show no metaverso ou explorar as comunidades artísticas de NFT. Além disso, os anúncios apresentavam a Bud Light Next, uma cerveja sem carboidratos, a um público mais jovem, expandindo a base de clientes da marca.

Outro exemplo é a marca NYX, da L'Oréal, que criou sua DAO, chamada GORJS, para criadores de avatares virtuais com foco na beleza. Essa DAO atua como uma incubadora de centrais de beleza on-

-line, dando apoio a criadores no desenvolvimento e na monetização da maquiagem de avatares digitais. Para garantir a independência da DAO, tokens intransferíveis são utilizados nas votações dos diversos projetos. A DAO inclui apenas quatro executivos da NYX, cada um com uma participação de 2% nos tokens. Como têm voz ativa na tomada de decisões, os membros da DAO se transformam em autênticos defensores das marcas.

O que vem por aí no metaverso?

Há um motivo para o metaverso ser um tema tão polêmico. O problema não são os mundos virtuais em si, que já existem há muitas décadas na forma de games. Até mesmo as gerações mais antigas são capazes de compreender seu apelo entre os mais jovens. A origem do problema está no conceito de Web3 e na tecnologia blockchain que alimenta sua versão descentralizada.

Para os entusiastas da Web3, a visão do metaverso é a de um mundo completamente descentralizado, sem intermediários, onde o poder está nas mãos dos usuários. É uma ideia altamente disruptiva, com potencial para indicar o fim do modelo de negócios das plataformas, predominante desde o início dos anos 2000.

O modelo de negócio das plataformas se baseia na ideia de que o poder reside em interligar duas partes (por exemplo, compradores e vendedores, ou consumidores e criadores de conteúdo). Essa é uma abordagem que revolucionou vários setores. Empresas como Amazon, Netflix, Uber, Airbnb, Android, Google e Meta são exemplos de plataformas que revolucionaram os negócios tradicionais em seus respectivos mercados.

O objetivo da Web3 é fazer uma nova revolução, o que é uma meta ambiciosa. Além disso, alguns de seus defensores ferrenhos pretendem não apenas derrubar as empresas de plataformas mas também intermediários mais tradicionais, como os bancos centrais, por meio da tecnologia das criptomoedas. Isso torna a Web3, e consequentemente o metaverso, um tema espinhoso.

Cabe observar que o metaverso ainda está nos estágios iniciais de desenvolvimento e pode não atingir seu pleno potencial na próxima década. O metaverso almejado é um universo "interoperacional", sem proprietários de plataformas. No entanto, os atuais desenvolvedores, sobretudo aqueles em plataformas centralizadas, são primordialmente as próprias empresas de plataformas, que investem pesado para evitar a obsolescência. Por conta disso, cada versão do metaverso continua a ser um ecossistema fechado com ativos e moeda exclusivos, sem interoperacionalidade. O usuário interessado em explorar diferentes metaversos é obrigado a se cadastrar separadamente em cada um deles e fica impossibilitado de utilizar uma única identidade virtual.

Além disso, a tecnologia blockchain continua sendo um assunto complicado e polêmico para a maioria dos consumidores, especialmente após os crashes das criptomoedas e das NFTs e a queda do valor de mercado da Meta em 2022. Por mais que o consumidor queira os benefícios de um metaverso com base em blockchain, é avesso às complexidades e controvérsias associadas a essa tecnologia, como a configuração de carteiras de criptomoedas ou a compra de NFTs.

Portanto, as empresas devem tornar essa experiência a mais livre possível de atritos para o consumidor médio, que não é um entusiasta da Web3. Por exemplo, a Starbucks Odyssey, movida a blockchain, usa o termo "selos de jornada", em vez de NFTs. Além disso, ela permite que os membros comprem esses selos diretamente com o cartão de crédito, eliminando a necessidade de criptomoedas.

Mesmo nesse cenário aquém do ideal, as empresas têm como se beneficiar dessa nova evolução. Um marco intermediário – a Web2.5 – é necessário para avançar rumo à capacitação definitiva do cliente, como a Web3 antevê. A Web2.5 busca combinar a familiaridade da Web2 com a tecnologia descentralizada da Web3. Um exemplo seria o Starbucks Odyssey, que incorpora a tecnologia Web3 de forma transparente ao mecanismo de seu atual programa de fidelidade. Essa integração garante que os clientes da Starbucks possam aproveitar os benefícios da tecnologia blockchain sem ficar incomodados com sua complexidade.

Resumo: O futuro formato das plataformas sociais

O metaverso é um mundo virtual imersivo que se assemelha muito ao mundo físico e é considerado a próxima etapa na evolução da internet: a Web3. Um metaverso plenamente funcional tem cinco componentes essenciais: ativos virtuais, avatares, experiência do usuário, economia de criadores e governança. Sendo esse o formato de rede social favorito das gerações Z e Alfa, o profissional de marketing pode usar o metaverso como uma forma alternativa de interagir com o cliente.

Há dois tipos de metaverso: o descentralizado e o centralizado. O primeiro é governado por uma comunidade de usuários interligados por meio da tecnologia blockchain, enquanto o segundo é administrado por uma entidade única. Embora ainda exista ceticismo em relação aos metaversos, principalmente o descentralizado, eles podem transformar a maneira como as empresas oferecem experiências imersivas aos clientes.

PERGUNTAS PARA REFLEXÃO

- De que maneira você pode usar o metaverso a favor do marketing? Que estratégias ou ideias específicas você aplicaria a seu setor ou sua empresa?
- Como as empresas podem garantir que seu uso do metaverso para o marketing seja ético e não levante as mesmas questões já observadas em relação às redes sociais?

PARTE III

A experiência do Marketing 6.0

CAPÍTULO 8

Marketing multissensorial

Como oferecer experiências imersivas para os cinco sentidos

A internet permeia todos os aspectos da nossa vida, da casa ao trabalho, passando por tudo mais. A pandemia exacerbou isso ao obrigar que as pessoas ficassem e trabalhassem em casa, flexibilizando os horários de expediente. Quem trabalha foi forçado a realizar mais reuniões on-line, em geral mais intensas e mentalmente desgastantes.

Segundo um estudo recente realizado pela Meltwater e pela We Are Social, a média mundial de uso diário da internet ultrapassa 6,5 horas, somando todos os dispositivos. Nos Estados Unidos, são quase sete horas diárias. Por um lado, esse aumento no uso da internet criou mais oportunidades de conexão com os clientes por meio de canais digitais. Por outro, introduziu um fenômeno preocupante conhecido como "fadiga digital".

A fadiga digital é a exaustão física e mental decorrente do uso excessivo e prolongado de dispositivos conectados à internet. De acordo com um relatório da Deloitte, uma em cada três pessoas se sente sobrecarregada com a tecnologia e apresenta sinais de fadiga digital. Essa é uma questão muito preocupante, pois pode resultar em declínio de produtividade no ambiente de trabalho e levar a problemas de saúde mental mais graves.

Diante desse problema crescente, as gerações mais jovens têm adotado tendências para combater a fadiga digital (Figura 8.1). Uma delas é o "detox digital", que envolve limitar o tempo de tela afastando-se da internet e dos dispositivos eletrônicos por alguns períodos. Em vez disso, a pessoa passa a encontrar amigos pessoalmente e fazer conexões significativas num "terceiro lugar", como um café. As marcas estão aproveitando essa tendência. A Apple, por exemplo,

Figura 8.1 Tendências multissensoriais para combater a fadiga digital

incentiva as pessoas a monitorar e limitar o tempo de tela. Da mesma forma, a Heineken lançou uma campanha para promover menos tempo de tela e mais socialização com os amigos.

Outra tendência popular entre as gerações mais jovens é o "movimento retrô", que envolve adotar dispositivos obsoletos, como celulares antigos, discos de vinil e câmeras fotográficas tradicionais. Algumas empresas tiraram proveito dessa oportunidade, como a HMD Global, fabricante dos telefones Nokia, que anunciou um aumento nas vendas de celulares básicos nos Estados Unidos em 2022. Além disso, 43% de todos os álbuns vendidos nos Estados Unidos em 2022 eram vinis, o que fez com que empresas como a Audio-Technica e a Sony voltassem a se concentrar na produção de toca-discos. De forma semelhante, a demanda por câmeras descartáveis cresceu 3,3 vezes nos últimos cinco anos.

O movimento atenção plena também ganhou força em função da fadiga digital. Suas práticas, em geral realizadas por meio da meditação, envolvem estar totalmente presente e consciente dos sentidos e das emoções a cada momento. Curiosamente, a atenção plena ganhou popularidade no mundo corporativo, em especial no Vale do Silício, onde se encontram empresas de tecnologia como Google e Meta. Essa prática transformou-se numa ferramenta para os funcionários contrabalançarem o ritmo acelerado do mundo tecnológico.

Outra estratégia das gerações mais jovens são as viagens off-line na natureza e em lugares remotos. Na verdade, a oportunidade de se desconectar se tornou um luxo muito procurado num mundo onde a tecnologia digital nos cerca constantemente. Por conta disso, plataformas como Airbnb passaram a oferecer filtros de busca para pessoas que procuram acomodações "fora da rede" e outras opções voltadas para a natureza, como acampamentos, retiros campestres, cabanas e parques nacionais.

Os profissionais de marketing têm sua parcela de responsabilidade na fadiga digital, pois alimentam a proliferação das mídias digitais. Conteúdos distribuídos em massa e sem personalização podem sobrecarregar os clientes com a irrelevância do spam, frustrando-os na busca de informações que tenham valor. Mas esses profissionais também podem promover a solução, adotando o conceito de "marketing multissensorial".

O marketing multissensorial envolve vários sentidos humanos para recorrer a emoções positivas e influenciar comportamentos. Ao contrário do conteúdo digital e das experiências que se concentram principalmente na visão e na audição, o marketing multissensorial se esforça para equilibrar os estímulos nos cinco sentidos. As tendências de detox digital, movimento retrô, atenção plena e viagens off-line são, todas elas, formas de marketing multissensorial. Já se demonstrou que passar algum tempo num ambiente multissensorial melhora a atenção e aumenta a felicidade. Esse também é um pilar essencial para proporcionar experiências imersivas aos clientes.

Como envolver os cinco sentidos

Os cinco sentidos – visão, audição, olfato, tato e paladar – atuam como sensores que transmitem mensagens ao cérebro humano. Eles moldam as percepções do ambiente e influenciam a tomada de decisões, funcionando como canais exclusivos e subconscientes para a mente do consumidor (Figura 8.2). O profissional de marketing pode aproveitar esses canais para captar a atenção do cliente em meio à profusão de conteúdos, criando percepções positivas e fortalecendo a marca em seu imaginário. Além disso, está comprovado que a abordagem multissensorial é capaz de melhorar e aprofundar a experiência do cliente ao modular seu humor. Em última análise, ela pode influenciar comportamentos, tornando-se, com isso, uma ferramenta poderosa para impulsionar as compras.

Empresas como a Starbucks são famosas por adotar essa abordagem. A decoração das lojas, visualmente atraente, e a música am-

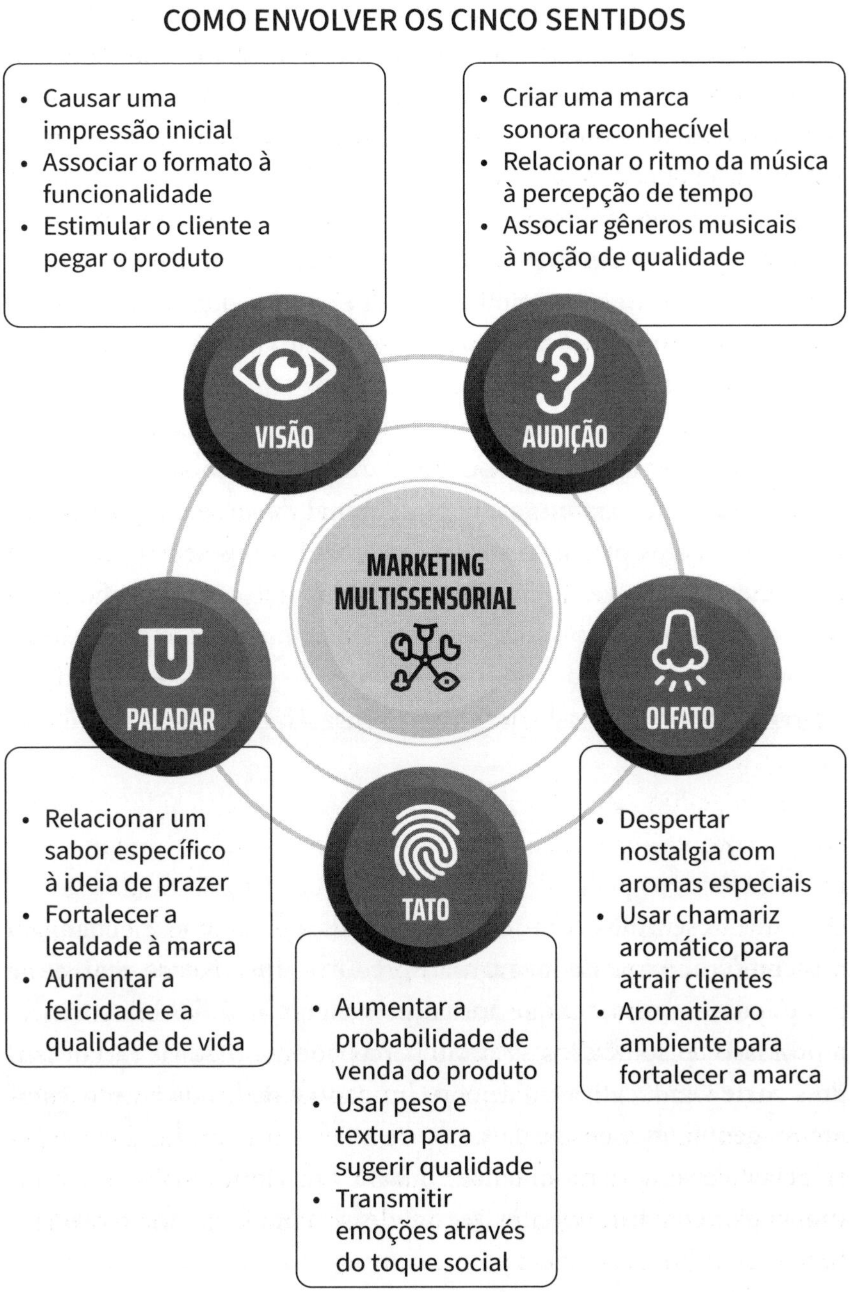

Figura 8.2 A abordagem do marketing multissensorial

biente suave são elementos constantes. No entanto, por se tratar de uma rede de cafeterias, a Starbucks dá ênfase ao olfato e ao paladar.

O aroma de café das lojas é frequentemente descrito como "inebriante, rico, encorpado e sugestivo", complementando perfeitamente a experiência de beber o café. A Starbucks é conhecida há muito tempo pelo cuidado com esse aroma característico; por exemplo, é proibido fumar em seus ambientes fechados e os atendentes são orientados a não usar perfume forte. A empresa chegou a adaptar o cardápio de comida, evitando itens com cheiro marcante que pudesse concorrer com o aroma do café.

Cada um dos cinco sentidos tem uma finalidade distinta na formação do comportamento humano. Ao compreender como cada sentido reage aos estímulos, o profissional de marketing pode integrar elementos multissensoriais apropriados aos seus projetos de experiência imersiva. Além disso, uma vez que o cérebro humano percebe os estímulos como uma experiência integrada, o profissional de marketing precisa descobrir a combinação perfeita de ingredientes para proporcionar ao cliente uma sensação coerente e, em última análise, imersiva.

Visão

De todos os sentidos, a visão é o que molda a percepção e a cognição no cérebro humano de forma mais predominante. Neurocientistas e pesquisadores estimam que aproximadamente 80% das informações processadas pelo cérebro são adquiridas por meio da visão. Por isso uma parte significativa do cérebro humano é dedicada ao processamento de informações visuais.

Saber disso ajuda a entender a natureza viciante dos estímulos visuais, como a dependência de tela observada nas gerações mais jovens. Passar horas no smartphone conversando com amigos, usando redes sociais, compartilhando conteúdo e jogando videogame é uma manifestação desse vício.

Dada a importância da visão, não surpreende que seja o sentido que a maioria das pessoas (70%) tem mais medo de perder. Segundo uma pesquisa da YouGov, o medo de perder os outros sentidos normalmente varia de 2% a 7%. Essa disparidade pode ser atribuída ao papel relevante que a visão desempenha nas atividades humanas diárias, como dirigir, usar o computador, ver TV e ler.

Além disso, o olho humano possui uma incrível capacidade de processamento, especialmente em relação às imagens. Uma pesquisa realizada pelo Massachusetts Institute of Technology revelou que o ser humano é capaz de processar informações visuais em apenas 13 milissegundos. Esse dado explica por que, na publicidade, os elementos visuais têm um impacto mais profundo na reação do cliente do que o conteúdo textual. Um exemplo notável desse fenômeno é a reformulação do logotipo da Mastercard: o nome da marca foi simplesmente removido, mantendo-se seus icônicos círculos entrelaçados em vermelho e amarelo. A empresa informou que 80% das pessoas continuam reconhecendo a marca.

No setor de marketing, cativar a visão é importante em toda a jornada do cliente. Os estímulos visuais costumam moldar a primeira impressão de um produto ou serviço. Por exemplo, ao entrar numa loja de varejo, o cliente geralmente forma suas primeiras impressões com base em elementos visuais, como a fachada da loja, o logotipo e a decoração como um todo. Enquanto percorre os corredores, o cliente observa intuitivamente a embalagem do produto, prestando atenção ao formato, à cor e ao aspecto.

A avaliação do formato influencia significativamente a noção de funcionalidade. Um bom exemplo é o formato redondo das mesas da Starbucks, que incentivam a interação entre as pessoas, parecendo mais convidativas que as mesas quadradas. Por esse motivo, a presença de mesas redondas fomenta a percepção de um ambiente sociável, reduzindo o sentimento de solidão do cliente que ocupa aquele espaço.

A visão também serve como um catalisador para o cliente se envolver em experiências táteis. Quando o consumidor é atraído por um estímulo visual, tende naturalmente a explorar o produto por meio do toque. Essa interação tátil, por sua vez, aumenta a probabilidade de compra. A Apple aplica esse princípio de forma eficaz em sua abordagem de venda dos MacBooks.

A tela dos MacBooks exibidos nas Apple Stores é posicionada intencionalmente num ângulo preciso de 76 graus. Esse ângulo faz com que o cliente ajuste instintivamente a posição da tela, tocando e explorando mais o produto. Ao criar essa experiência interativa, a Apple capitaliza a relação entre o envolvimento visual e o desejo subsequente de tocar o produto.

Esse princípio tem amplo uso no setor de bens de consumo embalados. As embalagens costumam apresentar cores alegres e fontes agradáveis a fim de estimular o cliente a retirar o produto da prateleira. Por exemplo, duas renomadas marcas de bebida, Pepsi e Fanta, passaram por uma reformulação significativa em sua identidade visual para criar percepções mais vibrantes e lúdicas.

A Fanta reformulou totalmente seu logotipo e as cores de suas embalagens, buscando despertar no consumidor um sentimento de diversão e empolgação. Do mesmo modo, a Pepsi aprimorou seu logotipo nas cores azul e preta, associando a imagem da marca a um senso de ousadia e confiança.

O poder dos recursos visuais faz deles o estímulo favorito das empresas para interagir com os clientes, principalmente através da TV, dos materiais impressos e da mídia digital. No entanto, essa abundância de conteúdo visual também pode ser nociva, ao gerar sobrecarga sensorial.

Audição

A audição tem a segunda maior predominância entre os cinco sentidos, contribuindo com cerca de 10% do total de informações que o cérebro humano recebe e processa. Juntos, os estímulos visuais e auditivos são responsáveis por cerca de 90% das experiências sensoriais, moldando significativamente as percepções humanas e a tomada de decisões.

Não causa surpresa, então, que o conteúdo digital com ênfase em elementos audiovisuais tenha se tornado a forma predominante de mídia nos últimos anos. Isso se deve ao fato de o tempo de reação humana a estímulos audiovisuais integrados ser mais curto do que se as informações fossem exclusivamente visuais ou sonoras.

Os usuários de redes sociais, por exemplo, compreendem melhor um conteúdo audiovisual do que imagens estáticas ou vídeos sem som. Assim, ao incorporar narrativas sonoras a um conteúdo visual, o profissional de marketing consegue transmitir sua mensagem com mais eficácia e aumentar seu impacto.

O som desempenha um papel fundamental na criação de uma experiência imersiva, pois enriquece a percepção do espaço. Criar uma "paisagem sonora" significa moldar a percepção espacial por meio do ambiente acústico. Subconscientemente, uma pessoa é capaz de distinguir se está numa área externa, numa sala de concertos, numa cafeteria lotada ou num banheiro simplesmente percebendo os sons que ouve e como eles se refletem no espaço ao redor.

Um exemplo notável é o Nike Icon Studios, em Los Angeles, onde fotógrafos e cinegrafistas criam conteúdo de imagem para as campanhas globais da marca. Esses estúdios escolhem meticulosamente os materiais que serão usados no piso e no teto, controlando, na prática, o som dentro do espaço e garantindo um ambiente acústico de alta qualidade.

Entre outros exemplos estão a varejista britânica Selfridges e o shopping center sueco Emporia, onde cada seção tem um design visual e uma paisagem sonora diferentes para representar distintas categorias de produtos e públicos. Graças a essas paisagens sonoras temáticas, o cliente tem plena consciência de onde está, o que o ajuda a navegar por todo o espaço.

O impacto do som também é muito significativo na identidade da marca. Por exemplo, o "branding sonoro" – o áudio associado exclusivamente a uma marca específica – provou ser uma ferramenta eficaz. Esse tipo de branding pode usar um "logotipo sonoro" (uma representação em áudio do logotipo da marca), um jingle (canção curta que aparece o tempo todo na publicidade) ou uma música mais longa.

A Mastercard é um exemplo de marca que adota o branding sonoro. Ao se aventurar no mercado de dispositivos controlados por voz, como vestíveis e alto-falantes inteligentes, a empresa reconheceu a importância de possuir um formato de áudio para a marca. Para isso criou uma versão em áudio de seu notório logotipo vermelho e amarelo. A melodia instrumental de 30 segundos, sem letra, é integrada a todas as comunicações audiovisuais de marketing, e sua versão curta é reproduzida após cada transação bem-sucedida com o cartão de crédito no ponto de venda.

No entanto, a marca sonora da Mastercard vai além de uma simples melodia. O som foi adaptado a vários gêneros musicais e versões, em diferentes regiões. Além disso, a Mastercard adotou uma abordagem singular ao elaborar um álbum musical chamado "Priceless", disponível no Spotify.

Esse álbum apresenta músicas que incorporam de forma sutil a marca sonora à música pop. É importante observar que o objetivo nesse caso não é apenas atrair um grande número de ouvintes, mas tornar a marca mais reconhecível e estabelecer uma ligação emocional com o cliente. A marca sonora acrescenta uma dimensão poderosa a identidades de marca tradicionalmente restritas a elementos visuais.

O som ambiente também influencia comportamentos ao moldar a percepção. Um exemplo disso é o andamento musical, geralmente medido em batidas por minuto. Esse ritmo pode afetar a percepção de tempo, e o profissional de marketing pode aproveitar esse efeito para controlar a velocidade das compras com base em seus objetivos.

Uma música de ritmo mais rápido tende a fazer com que o cliente compre mais depressa, enquanto um ritmo mais lento incentiva uma experiência de compra mais vagarosa. Por essa razão, um ritmo rápido costuma ser empregado para induzir comportamentos de compra impulsivos, que casam bem com produtos de baixo preço e baixo envolvimento, como fast-food e mantimentos. Por outro lado, um ritmo mais lento é mais adequado para produtos caros e de alto envolvimento, como joias e eletrônicos de consumo, uma vez que o cliente precisa de mais tempo para avaliar suas opções.

A escolha do gênero musical pode despertar percepções específicas em relação à qualidade, pois diferentes gêneros provocam estados emocionais específicos. Por exemplo, o jazz, com seus padrões rítmicos improvisados, tem um efeito tranquilizador e cria um clima relaxante. Sugere sofisticação e estilo quando usado como música ambiente, o que o torna adequado para galerias e butiques de alto padrão.

O soul e o R&B, por sua vez, dão ênfase à parte vocal, acompanhada de uma música de fundo animada, exalando calor humano e acolhimento. São gêneros particularmente apropriados para locais de socialização, como bares e cafés, pois criam uma atmosfera convidativa para o cliente. Por fim, o pop e a música eletrônica, conhecidos pela batida forte, criam um ambiente lúdico, adequado para lojas de moda. As características singulares desses gêneros adicionam um elemento dinâmico à experiência de compra, tornando-a mais agradável.

Olfato

Como as imagens e os sons representam 90% das informações processadas no cérebro humano, cada um dos três sentidos restantes contribui com apenas cerca de 1% a 4%. Apesar da menor predominância, os estímulos direcionados a esses sentidos desempenham um papel crucial para aliviar o fardo esmagador sobre a visão e a audição, que muitas vezes leva à fadiga digital. Além disso, o envolvimento ativo desses três sentidos pode diferenciar uma empresa de suas concorrentes, já que muitas tendem a se concentrar muito nos aspectos audiovisuais da experiência do cliente.

O olfato, acionado pelos aromas, é essencial para uma experiência multissensorial. Ao contrário dos estímulos audiovisuais, que podem ser fornecidos com eficiência tanto nos espaços físicos quanto nos digitais, os cheiros são melhor experimentados no âmbito presencial. Há um campo em ascensão, conhecido como "olfato digital", que visa imitar o olfato humano e transmitir aromas específicos digitalmente por meio de dispositivos como difusores ou fios conectados às narinas. Entretanto, os dispositivos de olfato digital disponíveis atualmente são desconfortáveis, o que restringe os aromas às experiências físicas.

A função mais importante do olfato é despertar sentimentos de nostalgia. Isso ocorre porque o olfato e a memória estão intrinsecamente conectados, graças à anatomia do cérebro, que permite que os estímulos do odor cheguem diretamente às regiões cerebrais responsáveis pela regulação da memória. Esse fenômeno costuma ser chamado de "momento proustiano", quando uma experiência sensorial, normalmente desencadeada por um aroma, traz à tona uma lembrança vívida de um passado distante.

Portanto, enquanto os estímulos audiovisuais são eficazes a curto prazo, os olfativos têm um efeito duradouro. Há muitos anos os profissionais de marketing dos setores relacionados a aromas tiram proveito desse recurso. Por exemplo, a linha de fragrâncias Replica, da Maison Margiela, inspira-se em odores que despertam memórias, como os de lareira, estante de livros ou praia. A Nespresso, por exemplo, lançou uma edição limitada do café Festive Variations, que evoca a nostalgia do Natal em família.

Outra aplicação de marketing é o uso de "chamarizes aromáticos", frequentemente empregados por empresas alimentícias, como cafeterias e padarias, para atrair o tráfego de pessoas. Por exemplo, lojas como a Starbucks e a Panera Bread projetam propositalmente suas áreas de preparo e cozimento como espaços abertos para dispersar o aroma sedutor de seus produtos entre os transeuntes, incentivando-os a entrar na loja e comprar.

Os chamarizes aromáticos geralmente apresentam cheiros fortes e marcantes, cuidadosamente selecionados para se difundirem ao ar livre e atrair pessoas. Existem, porém, exceções a essa regra, sobretudo em setores não alimentícios. Por exemplo, a varejista de vestuário Abercrombie & Fitch desenvolveu seu aroma característico depois de aprender com erros do passado. No início, a marca usava uma fragrância muito forte, chamada "Fierce", que teve um impacto negativo, afastando clientes. Acabou optando depois por uma fragrância mais sutil e acolhedora, chamada "Ellwood".

As empresas também aromatizam o ambiente para criar associações específicas com suas marcas. Hotéis, em especial, são famosos por usar aromas específicos que incorporam suas características exclusivas. Por exemplo, a rede Westin, que prioriza comodidades de bem-estar, utiliza uma fragrância chamada "White Tea", que revitaliza e energiza o hóspede.

Por sua vez, a rede W Hotels, que se posiciona como um estabelecimento moderno, com design ousado e estilo extravagante, utiliza o aroma "Citron No.5" para mostrar a personalidade vibrante da marca. São fragrâncias que não apenas melhoram o ambiente como também contribuem para uma narrativa alinhada aos valores da marca.

Tato

À diferença dos demais sentidos, o tato não tem um único órgão dedicado a ele no corpo humano. Embora a pele seja comumente associada ao tato, ela é composta por vários nervos sensoriais que se associam uns aos outros para gerar a sensação de toque. Por meio do tato as pessoas são capazes de identificar diversas características físicas de um objeto, como forma, textura, consistência, peso e temperatura.

Essas sensações chegaram com êxito ao mundo digital graças aos avanços tecnológicos. Por exemplo, as interfaces digitais, como a tela dos smartphones, o touchpad dos laptops e o joystick dos consoles de games, fornecem feedback tátil aos usuários, aprimorando a experiência de uso. Assim, passou a ser viável incorporar o tato na experiência multissensorial em ambientes digitais, como o metaverso.

Também vale notar que, quando se trata de tato, o indivíduo não é um mero receptor de estímulos; ele participa ativamente, tocando objetos para explorar suas características. Esse é um fator significativo para entender por que o cliente fica mais inclinado a comprar um produto quando tem a liberdade de tocá-lo e interagir diretamente com ele. Com as experiências táteis, o consumidor sente que pode avaliar melhor o valor do produto.

Esse fenômeno está intimamente ligado a um conceito da psicologia conhecido como "efeito dotação", segundo o qual as pessoas tendem a valorizar e preservar os itens que já possuem. Quando o cliente toca e experimenta fisicamente um produto, isso cria uma noção de posse, o que aumenta a probabilidade de ele efetivar a compra para manter essa sensação.

Isso é particularmente importante no caso de produtos de alto envolvimento, que precisam ser explorados pelo cliente antes da compra. É por isso que varejistas como Apple Store e Best Buy incentivam o consumidor a se envolver com os produtos dentro da loja. Táticas semelhantes podem ser observadas em concessionárias e lojas de vestuário, onde test drives e provadores ensejam vendas ao proporcionar ao possível comprador a sensação de posse do produto.

O tato também desempenha um papel importante na percepção de qualidade. Por exemplo, um livro pode parecer mais sofisticado por ser pesado e ter páginas texturizadas. Por outro lado, a leveza e a suavidade dos materiais de alumínio dos smartphones podem contribuir para uma sensação de qualidade premium. De forma similar, o consumidor de café costuma preferir canecas de cerâmica a copos de papel por acreditar que a cerâmica retém melhor o sabor. Dependendo da característica valorizada pelo cliente, a experiência tátil pode fornecê-la de maneira eficaz, moldando ainda mais a percepção de qualidade.

No entanto, uma das funções mais vitais do tato é a capacidade de transmitir emoções. Um estudo conduzido por Matthew Hertenstein concluiu que o toque de outra pessoa pode transmitir com eficácia oito emoções distintas: raiva, medo, felicidade, tristeza, nojo, amor, gratidão e empatia. Por exemplo, um apertão firme no braço costuma ser interpretado como sinal de medo, enquanto tapinhas nas costas estão associados à comunicação de empatia. Essa pesquisa constatou que o nível de precisão das "transmissões emocionais" varia entre 50% e 78%.

Isso tem um profundo impacto na experiência presencial do cliente, pois a equipe pode transmitir emoções não apenas por meio de expressões faciais e tons de voz mas também por meio de formas apropriadas de contato físico, como apertos de mão. O toque pode servir como um canal extra para uma boa comunicação com o cliente, humanizando a experiência.

Paladar

Em poucas palavras, o paladar se refere à sensação percebida na língua, geralmente englobando os sabores doce, azedo, salgado, amargo e umami. Entretanto, o paladar é mais complexo que isso, pois se entrelaça com os outros quatro sentidos para formar o que conhecemos como sabor.

O sabor é uma experiência verdadeiramente multissensorial. Por exemplo, um experimento da Universidade de Oxford demonstrou que consumir iogurte com uma colher leve de plástico aumenta a percepção de cremosidade e induz uma sensação de deleite, em comparação com o uso de uma colher de metal pesada. Além disso, o sabor do iogurte parece mais doce quando ele é degustado com uma colher de cor clara em vez de outra mais escura.

Da mesma forma, outro experimento, realizado na Universidade de Tecnologia de Auckland, revelou a influência da música ambiente na apreciação do sorvete de chocolate. Quando era tocada uma música estimulante, as pessoas percebiam um amargor mais pronunciado. Quando a música no entorno era relaxante, a doçura do sorvete se tornava mais evidente e satisfatória.

Além das sensações visuais, auditivas e táteis, o olfato desempenha um papel significativo na nossa percepção de sabor. Cerca de 80% daquilo que o ser humano percebe como sabor é atribuído ao olfato. Isso explica por que as pessoas costumam achar os alimentos insípidos quando as fossas nasais estão congestionadas por um resfriado comum. Portanto, o sabor surge como uma integração complexa de todos os cinco sentidos, que culminam na experiência sensorial definitiva.

Inúmeras marcas têm explorado o sabor, mesmo aquelas que não comercializam alimentos e bebidas. Vejamos, por exemplo, a Mastercard, empresa famosa por suas estratégias multissensoriais. Entre outras táticas, a Mastercard se aventurou no terreno da culinária, oferecendo um envolvimento completo dos cinco sentidos. Por meio dos restaurantes Priceless, a empresa visa criar experiências imersivas e multissensoriais, com a curadoria de chefs e mixologistas famosos.

A varejista de móveis IKEA também proporciona uma experiência culinária sofisticada enquanto vende seus produtos principais. Os restaurantes das lojas oferecem refeições escandinavas exclusivas, como as famosas almôndegas suecas. O negócio alimentar se tornou para a IKEA um jeito eficaz de aumentar o tráfego de pessoas. A empresa descobriu que 30% dos visitantes iam às lojas para comprar comida, e alguns acabavam comprando móveis. Além disso, a tática aumentou o tempo de permanência nas lojas, impulsionando a venda de produtos mais caros.

O paladar está intimamente ligado ao conceito de fidelidade à marca. Um sabor específico pode se tornar fortemente associado a determinada empresa, e esse impacto duradouro gera fidelidade. Um estudo de caso fascinante é o da New Coke. Em 1985, ela foi lançada em resposta a um teste cego de sabor que revelou que os clientes preferiam o gosto mais doce da Pepsi. No entanto, a reação dos consumidores ao novo produto foi extremamente negativa, pois eles já estavam muito familiarizados com o sabor original associado à marca Coca-Cola. Curiosamente, durante o teste cego de sabor, os clientes não deram preferência à Coca-Cola, mas, quando a marca foi associada à mesma bebida, a preferência mudou.

O maior propósito do paladar, porém, é aumentar a felicidade e melhorar a qualidade de vida de modo geral. Há muito tempo se reconhece que a boa comida e os sabores deliciosos estão intimamente ligados à qualidade de vida. Por exemplo, quando alguém tem restrições alimentares por causa de alguma doença, a motivação e o prazer costumam diminuir. Além disso, um estudo recente revelou que pessoas que perderam o olfato e o paladar por terem contraído covid-19 também sofreram níveis mais altos de depressão e ansiedade. Isso ressalta o papel fundamental do paladar numa vida mais gratificante e no bem-estar.

O sabor também influencia a felicidade graças à natureza social das refeições – elas são uma oportunidade de nos reunirmos e interagirmos com amigos e familiares. É por isso que muitos varejistas incorporam espaços de alimentação às suas lojas, para propiciar essa experiência social. Ao unir os aspectos multissensoriais do sabor e a atmosfera de uma refeição comunitária, a empresa pode elevar a um novo patamar a experiência geral do cliente, de um modo quase impossível de reproduzir no ambiente digital.

Como criar experiências multissensoriais

Ao compreender como cada sentido influencia nossa mente, o profissional de marketing pode explorar meios de envolver o cliente com experiências sensoriais. O ser humano passa o tempo todo por estímulos multissensoriais, que são processados pelo cérebro como uma experiência unificada. Assim, é preciso harmonizar esses estímulos, garantindo sua compatibilidade e o impacto pretendido. De modo geral, esse processo envolve três estágios principais (Figura 8.3).

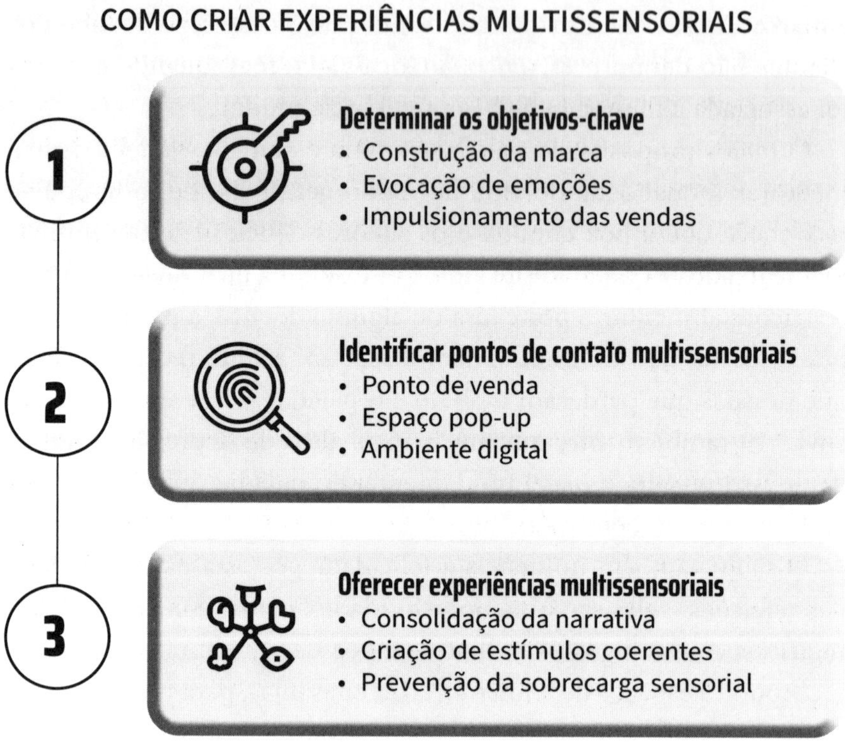

Figura 8.3 As três etapas da criação de experiências multissensoriais

Etapa 1: Determinar os objetivos-chave

A etapa inicial consiste em determinar o impacto pretendido com a experiência multissensorial. Existem basicamente três objetivos que o profissional de marketing pode alcançar com essa abordagem. Em primeiro lugar, ele pode usar os cinco sentidos no desenvolvimento da marca, estabelecendo associações entre a empresa e diferentes elementos sensoriais. Por exemplo, uma marca pode ser vinculada a sons, aromas e sabores específicos, expandindo seu reconhecimento para além dos elementos visuais.

Em segundo lugar, a abordagem multissensorial também serve para provocar no cliente determinadas emoções. Isso permite à empresa criar uma atmosfera alinhada aos pontos de contato específicos entre a marca e o consumidor. O aroma e a música ambiente, por exemplo, podem ser adaptados para induzir o relaxamento ou a animação, dependendo do objetivo.

Por fim, essa é uma ferramenta poderosa para impulsionar as vendas, incentivando a ação de compra do cliente. Envolver vários sentidos, sobretudo o tato, na experiência do produto ajuda a empresa a convencer o consumidor a comprá-lo.

Etapa 2: Identificar pontos de contato multissensoriais

Esta etapa envolve aproveitar oportunidades para aplicar elementos multissensoriais em toda a jornada do cliente. As marcas devem mapear essa jornada e determinar os pontos mais apropriados para incorporar estímulos sensoriais. Há basicamente três pontos de contato significativos em que as marcas podem oferecer experiências multissensoriais de maneira bem-sucedida.

Em primeiro lugar, é possível incorporar elementos sensoriais no ponto de venda, que pode ser uma loja, um restaurante, um café ou outro lugar de transação. Esses locais funcionam como uma representação multissensorial da marca, permitindo experiências imersivas.

Em segundo lugar, essa abordagem pode ser aplicada a espaços pop-up onde as marcas realizam campanhas de ativação ou exposições temporárias. Diferentemente dos pontos de venda, os espaços pop-up costumam ser menores e situados em locais mais amplos, como shopping centers ou áreas públicas. Em geral, esses espaços são usados para lançar novos produtos ou novas campanhas, concentrando-se em ofertas específicas.

Por fim, as experiências multissensoriais também podem ser estendidas ao domínio digital, embora os elementos sejam sobretudo visuais e sonoros, com um pouco de estímulo tátil. As marcas com presença no metaverso envolvem os clientes com componentes audiovisuais dinâmicos, muitas vezes oferecendo extensões para experiências IRL.

Etapa 3: Oferecer experiências multissensoriais

A etapa final consiste em proporcionar estímulos multissensoriais coerentes e contínuos em meio à experiência geral do cliente. Como já vimos, cada elemento sensorial transmite mensagens específicas sobre a qualidade do produto e os valores da marca. Para assegurar a coerência, é preciso consolidar uma narrativa geral alinhada à mensagem que a marca deseja transmitir.

Uma vez consolidada a narrativa, é crucial garantir que todos os sinais sensoriais sejam coerentes em relação a ela. Também é essencial que eles sejam congruentes entre si, despertem as mesmas emoções e estejam associados aos mesmos recursos do produto.

Essa abordagem é evidente no design dos parques temáticos da Disney. Neles, o objetivo é criar mundos mágicos que dão vida a histórias e personagens muito queridos pelo público, proporcionando ao visitante uma experiência imersiva que transforma a imaginação em realidade. Cada atração é meticulosamente projetada com histórias, enredos e personagens conhecidos. Além disso, os visitantes são incentivados a interagir com seus personagens favoritos, que fazem aparições, desfiles e shows ao vivo. Até mesmo nos restaurantes temáticos cada prato tem o nome de um personagem popular.

No entanto, é fundamental evitar a sobrecarga sensorial. No marketing multissensorial, estímulos adicionais não resultam necessariamente numa experiência mais agradável para o cliente. Sobrecarregar o consumidor com uma combinação de estímulos pode ter um impacto negativo e afastá-lo da marca. Muitas vezes, os elementos sensoriais mais bem-sucedidos são sutis e implícitos. É, portanto, fundamental encontrar a fórmula exata.

Resumo: Como oferecer experiências imersivas para os cinco sentidos

O uso excessivo da internet e dos aparelhos eletrônicos levou à fadiga digital. Essa fadiga é causada principalmente pela sobrecarga sensorial, uma vez que a profusão de conteúdo costuma mirar apenas dois sentidos: visão e audição. Uma abordagem de marketing multissensorial pode contrabalançar esse problema ao envolver os cinco sentidos. No entanto, é importante notar que a oferta de uma experiência totalmente multissensorial pode ser obtida sobretudo no ambiente físico. No domínio virtual, onde apenas alguns estímulos sensoriais podem ser ativados, a aplicação é limitada.

Cada estímulo sensorial transmite mensagens específicas ao público, moldando a personalidade da marca e a qualidade do produto. Além disso, cada estímulo desempenha determinado papel na evocação de emoções e na indução ao comportamento de compra. A chave para o sucesso do marketing multissensorial está na orquestração coerente desses estímulos.

PERGUNTAS PARA REFLEXÃO

- Como você pode integrar elementos multissensoriais ao seu produto e à experiência do cliente? Que estratégias inovadoras poderiam implementar o marketing multissensorial dentro da sua empresa?
- Será que a tecnologia digital vai evoluir a ponto de proporcionar uma experiência do cliente totalmente imersiva nos ambientes digitais? Em caso afirmativo, que passos as marcas podem dar para evitar que a experiência virtual intensifique a fadiga digital?

CAPÍTULO 9

Marketing espacial

Como naturalizar as interações homem-máquina

O ser humano já usou diversos métodos para interagir com as máquinas, de botões a interruptores. Com o advento dos computadores pessoais, surgiram novos meios de interação, como teclado e mouse. De forma semelhante, os primeiros smartphones utilizavam teclados físicos e canetas touch. Em 2007, porém, o primeiro iPhone revolucionou o setor ao popularizar as telas sensíveis ao toque como interface principal. Em pouco tempo as touchscreens se tornaram comuns na maioria dos celulares, estabelecendo uma interface homem-máquina mais intuitiva.

Hoje as telas se tornaram portais entre os ambientes físico e digital. Podemos interagir intuitivamente com as telas de smartphones, tablets, terminais de autoatendimento, caixas eletrônicos e máquinas de venda. Mesmo acompanhadas ou em espaços públicos, as pessoas voltam sua atenção o tempo todo para o celular, mergulhando no mundo digital.

Os últimos avanços tecnológicos tornarão essas interações homem-máquina ainda mais naturais. Muitas tecnologias avançadas foram projetadas para imitar as habilidades e os comportamentos humanos, de modo que as pessoas possam interagir melhor com elas (Figura 9.1). A inteligência artificial é um excelente exemplo disso, pois busca reproduzir as habilidades cognitivas humanas, como aprendizagem, solução de problemas e tomada de decisões. Além disso, o processamento de linguagem natural, um ramo da IA, concentra-se na imitação das interações da linguagem humana. Isso permite que máquinas como chatbots e assistentes de voz compreendam e atendam a solicitações escritas e faladas.

AS TECNOLOGIAS AVANÇADAS SÃO BIÔNICAS

Figura 9.1 Tecnologias inspiradas no ser humano

Os sensores desempenham um papel fundamental na imitação dos sentidos humanos. As tecnologias de reconhecimento facial e de imagem, por exemplo, têm como objetivo replicar a visão humana, permitindo que as máquinas identifiquem objetos como um ser humano faria. A robótica também imita movimentos e comportamentos humanos, permitindo que os robôs executem tarefas como caminhar, levantar peso e escalar, auxiliando as pessoas em atividades fisicamente exigentes.

A imaginação humana, habilidade que nos distingue e permite a compreensão de conceitos abstratos, também inspirou os avanços tecnológicos. A realidade estendida – que engloba as realidades aumentada, virtual e mista – tem como objetivo replicar a imaginação humana, criando experiências imersivas que misturam os mundos físico e digital. Do mesmo modo, o metaverso se inspira na imaginação humana, por ser um espaço virtual imaginativo que as pessoas podem explorar interativamente.

A natureza social do ser humano também inspirou tecnologias destinadas a gerar interconectividade. A internet das coisas, por exemplo, é um sistema que conecta diversos dispositivos, permitindo que se comuniquem e compartilhem dados. Essa interconectividade possibilita a automação e o controle de dispositivos de forma mais eficiente e contínua. Outro exemplo é o blockchain, um banco de dados descentralizado que visa criar uma rede de computadores interconectados para garantir transações seguras, sem intermediários.

Em essência, as tecnologias avançadas buscam imitar as habilidades humanas, seja replicando funções cognitivas, ensejando a comunicação, emulando os sentidos humanos, permitindo movimentos físicos, criando experiências imaginativas ou fomentando a interconectividade. Essas tecnologias, portanto, oferecem novas possibilidades de interação natural entre humanos e máquinas humanoides mediante comandos de voz, reconhecimento facial e gestos com as mãos.

Um campo em crescimento, que pode alavancar esses avanços tecnológicos, é a "computação espacial", que permite ao ser humano interagir com máquinas e conteúdos digitais dentro de um espaço físico. Embora as interações com base em telas permaneçam relevantes, a computação espacial propicia meios mais naturais de se envolver com a tecnologia.

Por exemplo, a simples presença de uma pessoa pode acionar o funcionamento de dispositivos. Isso fica claro nas residências inteligentes, onde a presença do morador ajusta automaticamente a iluminação e a temperatura sem a necessidade de controles touchscreen. Como alternativa, o morador pode usar comandos de voz predefinidos ou bater palmas para acionar algum recurso.

Os avanços na computação espacial fortaleceram ainda mais a convergência entre as experiências físicas e digitais. Imagine aplicações semelhantes em experiências de varejo: um cliente entra numa loja e é detectado por vários sensores que desencadeiam notificações em seu aplicativo de celular. Câmeras de reconhecimento facial também podem identificar o perfil demográfico de cada visitante da loja, fazendo com que uma parede de LED se ilumine e recomende as promoções personalizadas do dia.

Esse tipo de marketing experimental é o que chamamos de "marketing espacial", pois aproveita a computação espacial para apresentar produtos e promoções num ambiente físico interativo. Isso permite que o profissional de marketing adicione experiências virtuais em 3D ao espaço físico, fazendo com que o usuário interaja com o ambiente e seus elementos digitais.

Um excelente exemplo de marketing espacial é a patente, obtida há pouco tempo pela Disney, de um simulador de mundo virtual para uso em locais IRL, como parques temáticos, hotéis e navios de cruzeiro. Essa tecnologia inovadora permite que a Disney monitore os movimentos de seus visitantes e projete conteúdo multimídia em superfícies e objetos próximos a eles. Assim, o cliente pode interagir com personagens da Disney em hologramas 3D enquanto explora as diversas atrações dos parques temáticos. Essa tecnologia de ponta pode ser classificada como realidade aumentada, pois sobrepõe conteúdo digital à visão do mundo real. O grande diferencial é que ela opera sem a necessidade de dispositivos adicionais, proporcionando ao visitante uma experiência sem atritos.

O marketing espacial combina a eficácia do espaço físico ao crescente apelo das interfaces digitais. As fronteiras tênues entre os domínios físico e digital criaram uma experiência "figital" totalmente integrada e imersiva. O profissional de marketing pode aproveitar essa abordagem para atender às demandas das novas gerações de clientes, que são nativas digitais.

Definição de marketing espacial

O marketing espacial busca emular a capacidade humana de "consciência situacional", um importante aspecto das experiências presenciais. Num ambiente físico comum, compreender os clientes, fazer ofertas personalizadas e criar engajamento interativo exigem intervenção humana. Com isso, os funcionários da linha de frente desempenham um papel importante na tomada de decisões, com base na compreensão que eles têm do ambiente e dos clientes que estão atendendo.

Para automatizar esse processo, o marketing espacial combina três conceitos emergentes: o marketing de proximidade, o marketing contextual e o marketing aumentado (Figura 9.2). O marketing de proximidade permite que o profissional da área identifique a presença de clientes em locais físicos. Tirando proveito dessa consciência espacial, ele pode utilizar o marketing contextual para fornecer conteúdo relevante no momento certo e no local adequado. Além disso, o marketing aumentado aprimora as experiências da vida real ao integrar elementos virtuais, tornando a experiência do cliente mais cativante e imersiva.

Unindo essas abordagens e usando tecnologias situacionais, o profissional de marketing pode reproduzir a consciência situacional do funcionário da linha de frente. Dessa forma, não apenas se inova a experiência do cliente como também se permite que essa experiência seja constante e escalonável.

Figura 9.2 O que é marketing espacial?

Marketing de proximidade

Para que seja bem-sucedido, o marketing espacial deve permitir que espaços físicos aprimorados digitalmente captem a aproximação dos clientes e deem início a uma interação significativa com eles. É aí que entra em ação o marketing de proximidade, uma ferramenta poderosa para fornecer conteúdos personalizados de acordo com a localização exata do cliente.

O marketing de proximidade usa tecnologias de localização – como wi-fi, beacons de Bluetooth e *geofencing* (criação de um perímetro virtual numa área geográfica) – para detectar o paradeiro do cliente. Essas tecnologias apontam a localização precisa do consumidor ao se conectar com um dispositivo, como o celular.

Em ambientes de varejo, as empresas também podem determinar a localização do cliente quando ele usa o celular para escanear QR codes ou interagir com chips de comunicação de campo próximo (NFC, na sigla em inglês). É por isso que muitos varejistas incorporam QR codes ou chips de NFC aos seus produtos.

Outro método para determinar a presença de um cliente num local específico consiste no reconhecimento facial com tecnologia de IA. Por exemplo, alguns varejistas empregam câmeras de detecção facial capazes de identificar perfis demográficos dos clientes; é o caso dos refrigeradores inteligentes da Walgreens, que deduzem a idade e o sexo do comprador para recomendar bebidas específicas. Por sua vez, a Bestore, uma rede de lanchonetes na China, utiliza a tecnologia de reconhecimento facial da Alibaba para identificar consumidores específicos em seu banco de dados e recomendar produtos com base no histórico de compras.

O uso de câmeras com tecnologia de IA permite que as empresas detectem o humor e as emoções do cliente analisando suas expressões faciais e linguagem corporal. Isso possibilita fornecer anúncios direcionados com o tom certo para o estado de espírito de cada pessoa. Por exemplo, muitos painéis digitais são equipados com câmeras para detectar o grupo demográfico e o humor do público, a fim de personalizar os anúncios exibidos.

A JCDecaux, uma empresa de publicidade out-of-home, criou um outdoor digital na Austrália capaz de detectar expressões faciais e estimar as emoções dos pedestres. Essa tecnologia inovadora foi usada numa propaganda de iogurte da Yoplait. Os painéis determinavam o estado de espírito do público e distribuíam cupons de acordo com suas emoções.

É fundamental, porém, cuidar das questões de privacidade associadas ao marketing de proximidade. Deve-se operar num modelo baseado na permissão, deixando o cliente autorizar ou negar às empresas a possibilidade de rastrear sua localização ou armazenar suas informações faciais. Quando implementado de maneira ética, o marketing de proximidade permite que as empresas façam ofertas mais eficazes.

Muitos varejistas, entre eles Walmart, Target, Kroger, Macy's e CVS, adotaram o marketing de proximidade em razão de seu amplo leque de aplicações, particularmente na entrega de mensagens publicitárias específicas em suas lojas e no entorno delas. Um benefício notável é a capacidade de direcionar o tráfego de transeuntes para o interior da loja. Os clientes próximos à loja podem receber notificações em seus aplicativos de celular, com ofertas promocionais e um mapa indicando o trajeto até lá.

Além disso, o marketing de proximidade facilita os anúncios dentro da loja. Os varejistas podem rastrear o cliente enquanto ele percorre corredores e seções. Quando o varejista detecta que um cliente passa mais tempo em determinado local, o que indica interesse num produto específico, ele pode oferecer automaticamente promoções personalizadas. Esse tipo de oferta se revelou mais eficaz no incentivo à compra.

O marketing de proximidade também serve para orientar o cliente dentro da loja e levá-lo a descobrir produtos. O varejista pode criar mapas digitais da loja no aplicativo de celular, facilitando a localização de itens específicos da lista de compras do cliente e informando a proximidade dos produtos em tempo real.

Além disso, o marketing de proximidade permite que os varejistas obtenham informações valiosas sobre o comportamento do consumidor, como o tempo gasto na loja, as rotas percorridas dentro dela e a eficácia das promoções. São informações úteis para a empresa melhorar a variedade de produtos, aprimorar os layouts e a apresentação visual da loja e criar promoções mais persuasivas.

Marketing contextual

Outro importante aspecto do marketing espacial é a implementação de interações personalizadas, estratégia conhecida também como "marketing contextual". É amplamente usada na publicidade on-line, quando se adaptam os anúncios ao conteúdo do site visualizado pelo público.

Para isso, os sistemas de marketing contextual empregam um algoritmo capaz de entender o ambiente on-line em que o público está inserido. Ao analisar o conteúdo, o sistema identifica e apresenta listas de anúncios relacionados ao mesmo tema. Por exemplo, quem visualiza um vídeo de avaliação de carros pode ver anúncios de acessórios automotivos, enquanto quem lê notícias esportivas on-line pode encontrar anúncios de uma loja de artigos esportivos.

Com a integração das tecnologias digitais aos espaços físicos por meio do marketing espacial, tornou-se possível implementar o marketing contextual em ambientes do mundo real. O marketing de proximidade desempenha um importante papel na coleta de informações abrangentes sobre o consumidor, entre elas identidade, dados demográficos, localização atual e comportamentos de compra. Para enriquecer esses dados, as empresas podem integrar bancos de dados adicionais, permitindo que a IA de back-end compreenda melhor o contexto real.

Uma vez conhecida a identidade do cliente, a IA pode acessar o banco de dados do programa de fidelidade para recuperar seu histórico de compras. Usando algoritmos de IA, a empresa pode compreender o relacionamento do cliente com ela e avaliar o potencial de oportunidades de vendas cruzadas (*cross-selling*) e melhoradas (*up-selling*). Com base nessa análise, a empresa pode sugerir os produtos mais adequados e um conteúdo mais relevante.

Por exemplo, o dono de uma mercearia pode prever de quais produtos o comprador provavelmente precisará e quando, com base nas compras anteriores, e sugeri-los para reabastecimento. Além disso, ele pode recomendar produtos que se complementem. Uma loja de artigos esportivos pode indicar bolas de tênis para clientes que já compraram raquetes, assim como uma loja de departamentos pode oferecer protetor solar para clientes que já compraram roupas de banho.

Além disso, a empresa pode agregar informações ambientais externas, como eventos em andamento, hora do dia e condições meteorológicas. Por exemplo, algumas lojas e drive-thrus do McDonald's usam painéis de menu digital que mudam dinamicamente com base no tráfego, no horário e na temperatura. O cardápio exibe itens adequados ao clima, como McFlurries e shakes no calor, e cappuccino ou chocolate quente no frio. Quando o cliente pede algo salgado, o menu pode recomendar um refrigerante para compensar. Na hora do rush, o display pode oferecer um menu rápido para agilizar o serviço, reduzindo a fila no drive-thru.

Antigamente, a oferta de uma experiência contextual no espaço físico dependia da capacidade da equipe de "ler" o cliente, prestando atenção às suas necessidades e às pistas não verbais. Alguns atendentes são capazes de reconhecer clientes habituais, o que lhes permite oferecer um serviço personalizado, principalmente se a equipe estiver bem familiarizada com os produtos. Porém, essa abordagem não é mais eficiente, já que pode ser automatizada hoje em dia, permitindo a personalização em massa.

Marketing aumentado

À medida que priorizam as experiências presenciais, as empresas recorrem cada vez mais à computação espacial para "elevar" a jornada do cliente nos espaços físicos. Com isso, podem adicionar à experiência física uma camada extra de envolvimento digital. Esse conceito é chamado de "marketing aumentado".

Um método prático para atingir esse objetivo é utilizar a tecnologia para enriquecer a experiência do produto, reconhecendo que, hoje, o cliente valoriza mais a experiência do que o produto em si. Um exemplo emblemático é o uso da realidade aumentada por varejistas de beleza e moda, permitindo que os consumidores experimentem virtualmente produtos de maquiagem e vestuário em compras on-line. Por meio dessa tecnologia, o cliente pode visualizar como os diferentes produtos ficam no corpo, o que facilita a tomada de decisão.

O varejo também estendeu essa experiência imersiva às lojas físicas. A Sephora, por exemplo, implementou recursos de experimentação virtual de batons, sombras e delineadores. Isso permite que a cliente explore um leque mais amplo de produtos antes de selecionar aqueles que deseja testar pessoalmente, simplificando o processo de seleção. Além disso, é uma forma educativa e divertida de a cliente descobrir os produtos que melhor atendem às suas preferências, aumentando, em última análise, sua disposição para pagar.

As empresas também podem aumentar o envolvimento do cliente na loja incentivando a interação com o espaço físico. Um varejista pode, por exemplo, oferecer experiências de gamificação, como uma caça ao tesouro, em que os clientes acumulem pontos ao interagir com diferentes seções da loja. Além disso, os displays interativos com tecnologia touchscreen ou de controle por gestos permitem que os clientes interajam dentro da loja com o conteúdo digital.

Um excelente exemplo é a loja da Burberry na China, que integra perfeitamente as redes sociais à experiência presencial. A marca de luxo incentiva os clientes a usarem o WeChat, plataforma popular de rede social, para explorar os produtos da loja, cada qual equipado com etiquetas de QR code. Quando o cliente escaneia as etiquetas, consegue acessar o storytelling do produto nas telas digitais da loja e no próprio celular. Além disso, a cada atividade interativa ele ganha pontos que podem ser trocados por diversos benefícios.

A loja também possui uma vitrine interativa que não apenas exibe a coleção de moda, mas também se adapta ao formato do corpo do comprador e reage aos seus movimentos. Essa exibição dinâmica cria uma experiência visual única e personalizada que o cliente pode fotografar e compartilhar nas redes sociais, ampliando ainda mais o alcance da marca e dando a impressão de exclusividade.

A Selfridges, em Londres, é outro exemplo de marketing aumentado. Ela transformou as tradicionais vitrines de manequins por meio da tecnologia digital. As vitrines digitais exibem representações artísticas dos produtos da loja, com animações em 3D. Além disso, a vitrine é "comprável", permitindo que o cliente faça a compra diretamente ao escanear o QR code dos itens em destaque.

O marketing espacial permite que as empresas ofereçam interações físicas ampliadas com experiências digitais, além de proporcionar uma experiência totalmente imersiva ao cliente, ao ensejar a interação com produtos e elementos das lojas físicas. Quando agrega uma camada virtual, a empresa aprimora a jornada do cliente, tornando-a mais prática, envolvente e interativa.

Como implementar o marketing espacial

Para integrar com sucesso as experiências digitais aos ambientes físicos de varejo, as empresas devem seguir um processo de três etapas (Figura 9.3). Primeiro, elas precisam entender os "pontos de dor" do cliente. Entre eles costumam estar dificuldades na descoberta do produto e um processo de compra tedioso. Observando esses problemas, a empresa pode identificar oportunidades para aprimorar a experiência do cliente.

A etapa seguinte é determinar como o marketing espacial pode cuidar dos pontos de dor. O profissional de marketing pode se inspirar no e-commerce e aplicar ferramentas digitais, como QR codes, realidade aumentada e sensores de proximidade, para melhorar a descoberta de produtos e criar experiências envolventes. Entretanto, é fundamental avaliar a viabilidade e a praticidade dessas soluções antes de implementá-las. A empresa precisa ponderar suas capacidades, seus recursos e o retorno sobre o investimento e, ao mesmo tempo, garantir que essas experiências digitais agreguem valor para o cliente.

COMO DESENVOLVER HABILIDADES DE MARKETING ESPACIAL

Figura 9.3 As três etapas do marketing espacial

Uma vez garantidas a viabilidade e a praticidade, a empresa pode implementar experiências espaciais, a começar por projetos-piloto. Essa é uma abordagem progressiva, que permite ao comerciante encontrar o melhor equilíbrio entre proporcionar experiências excepcionais ao cliente e atingir um ótimo resultado financeiro.

Entender os pontos de dor do cliente

Muitas empresas adotam tecnologias apenas para parecer modernas e oferecer experiências únicas. No entanto, é importante reconhecer que o objetivo primordial da tecnologia sempre deve ser resolver os problemas do cliente. Da mesma forma, ao integrar experiências digitais às interações físicas, é fundamental começar identificando os problemas enfrentados pelo consumidor para só então traçar estratégias tecnológicas a fim de resolvê-los de maneira eficaz.

A empresa precisa começar observando esses problemas nos pontos de contato inteiramente físicos, onde o ponto de dor mais comum é a dificuldade para descobrir produtos. A maioria dos clientes sofre para encontrar itens específicos, especialmente em grandes varejistas com enorme catálogo.

O e-commerce trata desse problema implementando funcionalidades de pesquisa e recomendações personalizadas. Uma ferramenta de pesquisa robusta ajuda o cliente a localizar e comprar rapidamente um item específico que ele está procurando. Já as recomendações personalizadas atendem ao cliente que está navegando sem necessidades específicas, sugerindo produtos relevantes com base em seus interesses.

O cliente que faz compras on-line não encontra esse tipo de dificuldade para descobrir produtos, mesmo quando depara com uma grande variedade de opções. Portanto, a integração de experiências digitais que reproduzam a descoberta de produtos no e-commerce pode ser benéfica para o consumidor, melhorando sua experiência e sua satisfação geral.

Outro ponto de dor comum é o processo de compra entediante, em geral associado às compras presenciais. Em supermercados, por exemplo, o consumidor exige praticidade, já que a tarefa de comprar costuma ser considerada um fardo. O objetivo, portanto, é concluir as compras o mais rápido possível, com o mínimo de incômodo.

Em contrapartida, o consumidor busca uma experiência mais

interessante e envolvente em setores como moda, eletrônicos e decoração. Entra em cena o conceito de "terapia de varejo", capaz de aumentar a felicidade das pessoas ao proporcionar uma percepção de controle e estimular seus sentidos. Mesmo nessas categorias, porém, é comum que o processo de compra se revele entediante e burocrático. Além disso, mesmo podendo tocar e sentir os produtos, o cliente depara com dificuldades para acessar informações extras e comparar produtos, como faria nas compras on-line.

Outro ponto de atrito significativo na jornada do cliente dentro da loja é a demora na fila do caixa. Isso contrasta com o e-commerce, onde a experiência de checkout é instantânea e descomplicada. A pandemia, que fez o consumidor se acostumar às compras on-line, aumentou ainda mais a expectativa de que qualquer transação seja processada rapidamente.

É importante observar que os pontos de dor do cliente podem variar dependendo do setor e da empresa. Entender essas demandas é fundamental para determinar as prioridades de melhoria. Isso levará o profissional de marketing a criar a melhor experiência possível para o cliente, combinando de forma imperceptível os pontos de contato físicos e digitais.

Identificar oportunidades de marketing espacial

A etapa seguinte consiste em determinar como o marketing espacial pode lidar com pontos de dor específicos do cliente. Como muitos desses problemas têm origem no aumento das expectativas do consumidor em relação às experiências de compras on-line, o profissional de marketing pode se inspirar no e-commerce e aplicar métodos semelhantes aos canais físicos.

É preciso analisar diversas soluções e avaliar suas vantagens. Por exemplo, se o ponto de dor estiver relacionado à localização de produtos, ferramentas digitais podem ser empregadas para ajudar o cliente a encontrá-los. Entre as soluções mais simples estão a incorporação de QR codes nos produtos ou a introdução de experiências de realidade aumentada. Outra solução é usar sensores de proximidade para orientar o cliente na movimentação pela loja, oferecendo recomendações à medida que ele se aproxima de seções específicas, ou o ajudando a localizar os produtos.

Para garantir uma experiência fluida, é essencial oferecer um aplicativo de celular com todos esses recursos. O aplicativo deve ter um modo in-store que permita ao cliente escanear QR codes e acessar recursos de RA. Além disso, precisa estar integrado aos sensores da loja, para facilitar o marketing de proximidade e a exploração do ambiente.

Por outro lado, se o motivo da frustração for a falta de experiências mais envolventes, o profissional de marketing precisa cogitar o acréscimo de elementos de diversão na loja. Isso pode ser feito por meio de gamificação ou displays interativos. Por exemplo, um varejista de moda pode usar provadores virtuais para proporcionar ao cliente experiências mais empolgantes e inovadoras na escolha da roupa com o melhor caimento.

Quando o desafio é o processo de checkout e pagamento, entre as possíveis soluções pode estar a implementação de caixas de autoatendimento, em que o cliente escaneia o carrinho de compras e usa uma forma de pagamento pré-registrada. Uma solução mais avançada poderia envolver o sistema de pagamento "Just Walk Out", da Amazon, que permite ao cliente selecionar produtos, sair da loja e ser cobrado automaticamente depois de ir embora.

O profissional de marketing precisa avaliar a viabilidade das soluções, determinando se a empresa possui capacidade e recursos para desenvolver essas táticas digitais, bem como o retorno do investimento feito na instalação dessa infraestrutura tecnológica.

É igualmente fundamental avaliar se o cliente de fato deseja usufruir das experiências digitais. O profissional de marketing deve se certificar de que essas soluções não vão gerar novos pontos de dor, mas agregar valor para o cliente.

Implementar experiências espaciais

Avaliar a conveniência das experiências espaciais costuma ser um desafio para as empresas, pois exige testar recursos digitais. Para determinar se essas novas experiências serão bem-sucedidas e justificarão o investimento, a empresa precisa investir inicialmente na montagem da infraestrutura necessária.

Esse pode ser um empreendimento caro. O marketing espacial, por exemplo, exige implementar uma infraestrutura de sensores inteligentes, que pode exigir uma série de tecnologias, como beacons ou câmeras de reconhecimento facial, instaladas em toda a loja. Esses sensores desempenham um papel fundamental na captura de dados e no fornecimento de experiências personalizadas ao cliente. Porém, instalar e manter essa infraestrutura exige um grande comprometimento financeiro.

A instalação de displays interativos, como vitrines ou provadores virtuais, também exige recursos financeiros robustos. Esses elementos imersivos aprimoram a experiência do cliente, oferecendo maneiras inovadoras de interagir com os produtos, mas sua instalação acarreta gastos com hardware, software e criação de conteúdo.

Considerando o alto custo envolvido, é compreensível que muitas empresas encarem com cautela a implementação de soluções de marketing espacial. Para reduzir os riscos e controlar as despesas, as marcas geralmente optam por testar esses recursos em menor escala, normalmente começando pelas lojas-conceito, que representam a identidade da marca e servem de vitrine para novas iniciativas. Testando as experiências espaciais nessas lojas, as empresas podem avaliar a reação do cliente e obter insights valiosos antes de escalonar para outros locais.

Essa fase-piloto permite que a empresa avalie a eficácia da infraestrutura e o impacto das experiências espaciais no comportamento do cliente. É uma oportunidade de ajustar a tecnologia, cuidar de quaisquer problemas que surjam e tomar decisões com base em dados, conforme o feedback recebido. Essa abordagem progressiva ajuda a empresa a otimizar o investimento e alinhar a estratégia às preferências e expectativas do público-alvo.

No fim das contas, o objetivo é encontrar o equilíbrio entre a inovação e a viabilidade financeira. Ao testar experiências espaciais em locais selecionados, a empresa pode juntar evidências e avaliar se os possíveis benefícios superam os custos. Essa abordagem prudente permite à empresa tomar decisões fundamentadas e expandir com confiança as iniciativas de marketing espacial em todas as suas lojas.

Resumo: Como naturalizar as interações homem-máquina

Nas últimas décadas, o ser humano passou a interagir com as máquinas por meio de telas sensíveis ao toque. As máquinas, por sua vez, estão imitando cada vez mais as habilidades humanas, graças ao avanço da tecnologia. O marketing espacial tira proveito dessa tendência ao integrar interações físicas a experiências digitais intuitivas.

A computação espacial aprimora o marketing de proximidade, permitindo que a empresa detecte a presença do cliente e forneça mensagens personalizadas. Favorece também o marketing contextual, que permite oferecer ao cliente propostas de valor personalizadas, com o auxílio da IA. Em última análise, o marketing espacial consiste em combinar experiências físicas e digitais, amplificando o mundo real com conteúdo e interações digitais.

PERGUNTAS PARA REFLEXÃO

- Como sua empresa pode tirar proveito do marketing espacial para aprimorar a experiência do cliente num local físico? Por exemplo, como você pode montar a infraestrutura necessária para identificar o cliente e proporcionar ofertas personalizadas? Além disso, que experiências digitais você poderia integrar ao espaço físico?
- Como assegurar que as questões de privacidade sejam tratadas de maneira ética durante a coleta e a análise dos dados do consumidor? Que outros desafios podem surgir durante a implementação do marketing espacial?

CAPÍTULO 10

Marketing no metaverso

Como explorar o engajamento de última geração

Inúmeras marcas adotaram o marketing no metaverso, capitalizando as oportunidades exclusivas que ele oferece de envolver o cliente num espaço virtual 3D. Essa é uma abordagem inovadora que vai além do marketing bidimensional das redes sociais e de outras plataformas de conteúdo. Nos mundos virtuais, as marcas podem explorar iniciativas extraordinariamente criativas que, do contrário, seriam impossíveis em espaços físicos, como a realização de um show de apenas dez minutos ou a oferta de tênis instantaneamente personalizáveis.

Além disso, o metaverso é uma plataforma poderosa para cativar um público em crescimento, especificamente as faixas etárias mais jovens, muito acostumadas a explorar o mundo virtual. Para os nativos do metaverso – as gerações Z e Alfa –, passar longos períodos em mundos virtuais é uma experiência comum e natural. O metaverso representa, para eles, uma fusão imersiva entre videogames e redes sociais.

Para permanecer relevantes na próxima década, as marcas que estão entrando no metaverso precisam ter uma base de clientes composta em grande parte pelas gerações Z e Alfa, ou envolver-se ativamente com esses grupos para cativá-los como futuros clientes. Devem, portanto, identificar as interseções entre os nativos do metaverso e o público-alvo desejado, e só devem se estabelecer no metaverso se essa sobreposição justificar o investimento necessário.

Algumas marcas parecem embarcar no metaverso apenas por medo de ficar de fora, mas perdem o rumo à medida que a empolgação inicial vai diminuindo. Diante de condições econômicas desafiadoras, elas optam por reduzir o investimento em marketing no metaverso e, sem objetivos claros e um plano bem definido, correm o risco de desperdiçar recursos em busca de ganhos a curto prazo.

Nos capítulos anteriores, vimos que o metaverso é um longo investimento para as marcas e pode não produzir resultados imediatos. No entanto, há muitas evidências indicando que o metaverso possui um imenso potencial alinhado às transformações demográficas das gerações mais jovens. Além disso, as tendências digitais e as tecnologias facilitadoras convergem para o marketing imersivo, tornando-o um caminho inevitável a ser adotado pelas empresas.

Algumas marcas continuam comprometidas com o metaverso, esforçando-se para se tornar pioneiras nesse reino em ascensão. Elas conhecem os principais fatores de sucesso (Figura 10.1) e sabem que o marketing no metaverso não se destina a substituir o marketing tradicional em espaços físicos, mas a complementá-lo. Em razão disso, integram perfeitamente suas iniciativas de metaverso às estratégias de marketing existentes, garantindo a sustentabilidade de seus esforços.

As marcas bem-sucedidas no metaverso se concentram em envolver as comunidades já existentes nele, como as do Roblox e do Fortnite. Essas comunidades de jovens gamers e criadores já estabeleceram um ecossistema próspero dentro do metaverso. Por conta disso, as iniciativas de marketing direcionadas a elas se mostraram eficazes, ganhando embalo e gerando um interesse significativo. No entanto, atrair novos usuários apresenta outros desafios.

Figura 10.1 Marketing no metaverso e seus principais fatores de sucesso

As campanhas das marcas bem-sucedidas no metaverso dão muita ênfase à simplicidade para atrair novos clientes. Eliminam a necessidade de dispositivos caros, como fones de ouvido e controladores de realidade virtual, tornando a participação acessível através de qualquer computador ou dispositivo conectado à internet. As marcas também apelam para novos usuários que talvez não sejam jogadores ávidos, oferecendo experiências que priorizam as conexões sociais e permitindo que os usuários interajam e se conectem com outras pessoas em ambientes virtuais semelhantes às redes sociais. Além disso, as roupas virtuais para os avatares ganharam muita popularidade graças à sua simplicidade.

Essas marcas bem-sucedidas também reconhecem que o metaverso, especialmente a versão descentralizada, pode sofrer problemas de imagem associados aos NFTs e às criptomoedas – assuntos controversos, como vimos no Capítulo 5. Embora recorra à tecnologia blockchain em seus empreendimentos no metaverso, a maioria das marcas que lançam produtos virtuais de sucesso evita rotular explicitamente suas coleções como NFTs, principalmente em virtude da percepção negativa em torno deles. Algumas chegam a evitar totalmente os metaversos descentralizados, dando preferência às versões centralizadas de aceitação mais ampla.

Acima de tudo, as empresas que tiveram sucesso em suas experiências no metaverso seguem um roteiro bem definido, que começa com a compreensão do público-alvo – suas motivações e objetivos – nesse domínio virtual. A partir daí, as marcas podem adaptar suas ofertas para atender às necessidades específicas do cliente, criando valor de verdade em vez de apenas seguir tendências. As marcas também precisam selecionar a via de implementação mais adequada, levando em conta as diversas opções de metaverso disponíveis, cada qual com suas características e estruturas de governança (Figura 10.2).

ROTEIRO DO MARKETING NO METAVERSO

Figura 10.2 As três etapas do marketing no metaverso

Entender as motivações do cliente no metaverso

Para a maioria das gerações mais jovens, o metaverso serve como um refúgio virtual para os desafios do mundo real. Muitos também o enxergam como uma oportunidade de se conectar com outras pessoas e se envolver em interações sociais com um senso de liberdade. Além disso, um número cada vez maior de usuários considera o metaverso uma alternativa viável às plataformas convencionais de e-commerce. Por fim, um grupo de criadores percebe o metaverso como uma plataforma para ganhos financeiros, utilizando mecanismos de play-to-earn, criando produtos virtuais e participando da economia de criadores desse universo (Figura 10.3).

POR QUE AS PESSOAS PARTICIPAM DO METAVERSO?

Figura 10.3 Motivações do cliente para participar do metaverso

Metaverso como escapismo divertido

Às vezes a vida cotidiana pode ser um pouco exaustiva. É nessas horas que as pessoas buscam uma breve fuga da rotina e recorrem a videogames, redes sociais ou viagens.

O metaverso combina todos esses aspectos agradáveis: os usuários podem jogar, explorar conteúdos e até mesmo viajar dentro deles. Funciona como a pausa ideal, oferecendo uma bem-vinda distração para o estresse da vida diária. Numa pesquisa global realizada pela Oliver Wyman, 41% dos entrevistados disseram que participam do metaverso principalmente para se divertir.

O metaverso é de fato um espaço divertido e relaxante onde as pessoas podem se expressar livremente usando avatares. Lá é possível escolher a própria aparência e decidir como passar o tempo, sem se preocupar com o que os outros pensam. É como poder encarnar versões melhores de si mesmo.

Na experiência imersiva do metaverso os jogadores se sentem parte genuína de um mundo virtual, o que lhes confere um senso de propósito e sentido. As pessoas podem explorar o metaverso durante horas, retornar no dia seguinte e retomar a experiência de onde pararam.

Além disso, o metaverso acrescenta emoção ao incorporar elementos de RPG (*role-playing game*, ou jogo de interpretação de papéis), entre eles missões e competições. Ao contrário da complexidade dos videogames, os jogos do metaverso geralmente têm uma jogabilidade mais direta. Essa simplicidade é essencial, pois cativa os jogadores proporcionando uma sensação de realização e desafio.

Um dos aspectos mais notáveis do metaverso é que ele permite uma imaginação ilimitada; abre infinitas possibilidades e leva o usuário a lugares novos e empolgantes. Foi projetado para refletir o mundo físico, mas também concede a liberdade de inventar e sonhar alto. Além disso, no metaverso as pessoas podem adquirir habilidades e buscar interesses criativos que talvez não tivessem oportunidade de explorar na vida real. Portanto, se o usuário quiser se tornar um empresário bem-sucedido, um arquiteto imaginativo, um programador habilidoso ou um caçador destemido, no metaverso ele vai encontrar um caminho possível.

Metaverso como espaço de conexão

Outro motivo que leva as pessoas a usarem o metaverso é a vontade de se relacionar com os outros. Aproximadamente 26% dos nativos do metaverso procuram conexões nesse ambiente, segundo a Oliver Wyman. No entanto, é importante enfatizar que o metaverso não se destina a substituir as interações face a face na construção de relacionamentos. Representa, isto sim, a próxima fase da comunicação digital.

Sem dúvida, no âmbito digital, o metaverso é o que oferece as interações mais semelhantes às da vida real. Enquanto as redes sociais possibilitam uma comunicação assíncrona, com conversas que podem ser pausadas e retomadas à vontade, o metaverso opera num modelo de interação síncrona, facilitando as trocas em tempo real entre os indivíduos. No metaverso, as pessoas podem compartilhar experiências ao vivo.

Embora as mensagens instantâneas também permitam a comunicação síncrona, o metaverso se diferencia delas por oferecer um ambiente tridimensional onde as pessoas podem socializar em ambientes virtuais. Esses ambientes imersivos oferecem uma sensação autêntica de presença social, incorporando aparências, linguagem corporal e consciência espacial, o que resulta num nível mais alto de imersão. Basicamente, o metaverso pode ser visto como uma "internet habitável", onde os encontros com outras pessoas ocorrem constantemente graças à proximidade dos usuários no espaço virtual.

As comunidades prosperam no metaverso em razão de um fenômeno conhecido como "multiplexidade de mídias". Segundo esse conceito, indivíduos com fortes vínculos tendem a se conectar por meio de várias formas de comunicação, em especial canais digitais. Com isso, comunidades que já compartilham relações próximas por meio de outras mídias gravitam naturalmente em direção ao metaverso.

Além disso, o metaverso contribui para o desenvolvimento de laços mais fortes entre os membros da comunidade. Ao interagir em diferentes espaços com histórias ou jogos específicos, os usuários geralmente colaboram na navegação desses ambientes. Cada indivíduo assume uma função exclusiva na busca de objetivos comuns, promovendo um senso mais profundo de conexão e parceria.

Metaverso para compras mais práticas

Assim como as redes sociais se transformaram numa plataforma para o comércio social, o metaverso está pronto para se tornar o próximo estágio na evolução do e-commerce. Os metaversos atuais já possuem economias próprias e podem facilitar as transações, permitindo assim o comércio digital em seus domínios virtuais.

Dentro do metaverso, todos podem construir os próprios espaços digitais. Por isso, as empresas estão desenvolvendo réplicas digitais de suas lojas físicas, transformando, na prática, o metaverso numa variante mais imersiva de uma plataforma de e-commerce. A experiência de compra nesse reino virtual depende das categorias de produtos, mas pode oferecer elementos altamente criativos que vão além das limitações dos locais físicos.

Os habitantes do metaverso já incorporaram o hábito de comprar no mundo virtual. De acordo com um estudo da Obsess, um terço dos clientes expressou interesse em participar do comércio no metaverso. No entanto, como nem todas as categorias de produtos podem ser consumidas virtualmente (como alimentos e bebidas), esse comércio precisará combinar a experiência do metaverso com pontos de contato no mundo real. O metaverso permite que o usuário faça compras virtuais em lojas digitais e dê continuidade à experiência presencialmente. Por exemplo, o cliente pode ganhar pontos participando de jogos em restaurantes virtuais e, depois, trocar esses pontos por alimentos e bebidas reais em estabelecimentos físicos.

Além disso, os clientes podem mergulhar em experiências imersivas de experimentação e personalização de produtos, especialmente em lojas de roupas virtuais. Vendedores-avatares ajudam o comprador a encontrar itens e oferecem recomendações com base em suas preferências. Assim que o cliente encontra o produto que deseja, pode encomendá-lo diretamente nas lojas virtuais para recebê-lo em casa. A integração das experiências do metaverso com as presenciais é o modelo ideal para as novas gerações.

Metaverso para ganho financeiro

Os primeiros participantes do metaverso estão longe de ser passivos, pois em geral abraçam a missão de empoderar o cliente na Web3. Criam, isso sim, comunidades de nativos do metaverso, colaborando para a construção de um ecossistema de negócios próspero nos mundos virtuais. Esses pioneiros (entre eles gamers, investidores, criadores e prestadores de serviços) assumem funções específicas dentro do ecossistema.

O metaverso apresenta inúmeras oportunidades para se obter renda. Por exemplo, alguns metaversos oferecem um modelo play-to-earn, no qual o gamer pode participar de atividades específicas alinhadas com a mecânica do jogo, concluir missões e ganhar moedas digitais variadas, que depois podem ser convertidas em dinheiro real.

Investir e negociar ativos digitais é outra forma de ganhar dinheiro no metaverso. Por exemplo, alguns investidores compram terrenos virtuais e os vendem a preços mais altos. Também podem transformá-los em espaços para aluguel. É um processo semelhante ao desenvolvimento imobiliário, mas dentro de domínios virtuais.

O metaverso também é um paraíso para conteúdo gerado pelo usuário. Os criadores se concentram na criação de produtos virtuais, como acessórios para avatares, que podem ser vendidos nos mercados do metaverso. Além disso, podem desenvolver games dentro de metaversos consolidados e monetizá-los, cobrando pelo acesso e oferecendo acessórios para o jogo. Podem, ainda, desenvolver seus negócios projetando espaços e vendendo produtos.

O setor de serviços também está florescendo no metaverso. O usuário pode organizar eventos, como shows e seminários, e vender ingressos. Também pode propor passeios virtuais e vender experiências. Além disso, alguns usuários se tornam influenciadores virtuais, recomendando produtos e serviços para seus seguidores fiéis e ganhando comissões, num processo semelhante ao marketing de afiliados. Esses empreendimentos comerciais dentro do metaverso oferecem caminhos alternativos para ganhos financeiros.

Planejar a participação no metaverso

Compreendendo os principais motivadores por trás da participação de seu público-alvo no metaverso, as empresas podem determinar a abordagem mais eficaz para entrar nesse domínio virtual e oferecer propostas de valor exclusivas. Entre elas podem estar o lançamento de itens colecionáveis de marca, a criação de experiências de publicidade imersivas, o estabelecimento de canais de comércio on-line-to-off-line e a implementação de programas de fidelidade gamificados. As marcas podem empreender várias iniciativas no metaverso, dependendo dos recursos disponíveis e de seus objetivos gerais (Figura 10.4).

Colecionáveis de marca

Para se conectar efetivamente com os nativos do metaverso que buscam um escapismo lúdico, as marcas podem começar lançando seus colecionáveis de marca. Essa é uma abordagem que comunica de maneira eficaz a visão e o apelo da marca para públicos mais jovens. Além disso, permite que a empresa exiba sua natureza lúdica e mo-

Figura 10.4 Como as marcas participam do metaverso

derna, já que no metaverso o profissional de marketing pode criar versões digitais de produtos que, de outra forma, seriam impossíveis no mundo físico.

As gerações mais jovens gostam de colecionar, mas suas preferências são diferentes. A geração Y prefere coleções que aumentem seu status social e tragam a nostalgia da infância, como tênis retrô, figurinhas esportivas e brinquedos do McLanche Feliz. Por sua vez, as gerações Z e Alfa tendem a colecionar itens centrados em experiências. Portanto, quando se trata de colecionáveis virtuais, a ênfase não deve ser na propriedade, mas no aspecto experiencial.

Por exemplo, a geração Y pode ter amado colecionar figurinhas físicas de Pokémon na infância, mas as gerações Z e Alfa adoram se deslocar de um lugar para outro em busca de monstros colecionáveis no jogo Pokémon Go – ou seja, a experiência é mais importante que a posse. De forma semelhante, os acessórios para avatares, como tênis e jaquetas virtuais, não são meras propriedades, mas meios de personalizar o avatar de modo a refletir uma identidade.

A geração Y busca exclusividade quando se trata de itens colecionáveis, pois é altamente motivada pela raridade de um item. Em contrapartida, para as gerações Z e Alfa, colecionar é fazer parte de comunidades e tribos com paixões e interesses em comum. Por isso esses jovens preferem itens colecionáveis que sejam mais inclusivos.

Um exemplo de marca que se aventurou nos colecionáveis virtuais é a Nike, que lançou vários tênis virtuais da linha Jordan no Fortnite. Os jogadores podem realizar desafios interativos e ganhar skins com a marca Jordan.

Num metaverso descentralizado, os NFTs permitem que os colecionáveis deem direito a várias experiências e a ingressos em comunidades específicas. Pense nesses itens colecionáveis como cartões virtuais de assinatura. Assim, os colecionáveis virtuais vão além do mero valor de face e têm valor potencial no mundo real, sobretudo quando vinculados a experiências físicas e compromissos com a comunidade.

Um exemplo é a comunidade virtual da Nike para fãs de esportes, chamada .SWOOSH, cujos usuários precisam elaborar criações virtuais coletivas para se tornar membros e ter acesso a eventos e experiências da comunidade local. Os itens colecionáveis atuam como portais para um escapismo lúdico, satisfazendo os desejos dos habitantes do metaverso nos domínios digital e físico.

Publicidade experiencial

Como o mundo virtual espelha o mundo real, é compreensível que a publicidade no metaverso seja similar à da realidade. Pense, por exemplo, em anúncios em outdoors e na lateral dos ônibus, só que em mundos virtuais. Esse tipo de publicidade já predomina nos games; alguns exemplos são os anúncios da Nissin num caminhão no *Final Fantasy 15*, opções de carros da Mercedes-Benz para guiar em *Mario Kart 8* e um outdoor da Verizon no jogo *Alan Wake*.

A publicidade no metaverso tem, porém, algumas diferenças. Os nativos do metaverso – gerações Z e Alfa – são menos receptivos à publicidade tradicional, em que as marcas simplesmente colocam seus logotipos e anúncios em mundos virtuais. As marcas precisam adaptar sua abordagem publicitária, integrando os pontos de contato à experiência imersiva do metaverso.

Diferentemente dos games convencionais, o metaverso é uma oportunidade única para as empresas construírem espaços dedicados à apresentação de produtos ou serviços de maneira a promover a imersão do cliente. O Roblox, metaverso muito apreciado pelas gerações mais jovens, refere-se a isso como "anúncios imersivos", que permitem transportar o jogador para os domínios virtuais da marca por meio de portais 3D. Um exemplo notável é o parque de skate virtual da Van's no Roblox, onde os jogadores podem personalizar skates virtuais e vestir seus avatares com roupas customizadas enquanto desfrutam de uma experiência de skate no parque.

De forma parecida, a Samsung desenvolveu uma experiência no metaverso para anunciar seus produtos para a geração Z levando o programa *The Tonight Show*, apresentado por Jimmy Fallon, para o Fortnite. O cenário é um gêmeo digital do estúdio 6B da NBC no Rockefeller Plaza, o verdadeiro local de gravação do programa. Os jogadores do Fortnite podem jogar minigames inspirados no programa enquanto exploram o espaço virtual. É digno de nota que os celulares mais vendidos da Samsung sejam apresentados enfaticamente como "power-ups", uma vez que permitem ao gamer aumentar a potência no jogo.

Os espaços de marca também oferecem locais onde a comunidade pode se reunir e criar conexões. Facilitando as relações sociais, a marca pode promover com eficácia suas campanhas publicitárias e angariar confiança. Um exemplo disso é a The Home Depot, que oferece uma "Oficina Virtual para Crianças" no Roblox, plataforma amplamente adotada pela geração Alfa.

Os interessados em participar podem explorar a loja virtual da The Home Depot, onde as crianças embarcam numa emocionante caça ao tesouro pelos corredores da loja em busca dos materiais a serem usados. Depois disso, elas podem montar itens virtuais, como uma casa para passarinhos, um jardim florido ou um carrinho, e usar essas criações no ambiente do Roblox. Esse tipo de experiência fomenta a relação entre cliente e marca, fortalecendo o elo entre as comunidades do metaverso, o que tem se mostrado altamente vantajoso para as marcas.

Comércio on-line-to-off-line (O2O)

A limitação mais relevante do metaverso é o fato de muitas categorias de produto não permitirem experiências virtuais que correspondam à satisfação de seus similares no mundo real. Por exemplo, empresas de alimentos e bebidas não têm como reproduzir no metaverso a experiência de consumo. De modo semelhante, embora existam roupas virtuais, elas não proporcionam a mesma sensação que as roupas de verdade.

No âmbito do e-commerce, esse problema não é novidade. Muitos varejistas onicanal empregam o modelo O2O como uma solução para integrar perfeitamente suas experiências digitais e físicas. São varejistas, por exemplo, que atraem clientes on-line para suas lojas físicas ao fim da jornada. Uma estratégia O2O muito usada pelos varejistas de moda e alimentação é o serviço "compre on-line e retire na loja" (BOPIS, na sigla em inglês).

As marcas podem adotar uma abordagem O2O semelhante, vinculando as experiências imersivas do cliente no metaverso ao mundo real. É uma estratégia particularmente eficaz para atrair as gerações mais jovens, que passam um tempo considerável no metaverso, oferecendo a elas oportunidades de estender a jornada para o mundo físico.

Um exemplo notável é a loja virtual da American Girl, que oferece duas experiências distintas. As crianças podem navegar pelas vitrines virtuais dos produtos enquanto os adultos compram diretamente na loja virtual. Além disso, a marca criou um museu virtual que destaca seu valioso legado. A semelhança entre o site e a loja física da American Girl no Rockefeller Center desperta interesse, atraindo clientes para uma visita à loja principal. Além disso, os visitantes da loja virtual também podem reservar mesas e eventos no American Girl Café graças à integração com o sistema de reservas da loja, o que permite estender a jornada do mundo virtual para o físico.

O Drest, um metaverso voltado para o mundo da moda, representa outro exemplo interessante. O usuário precisa cumprir desafios de estilo envolvendo celebridades e eventos variados. Depois disso, ele ganha pontos e moedas virtuais que podem ser usados para comprar roupas novas dentro do metaverso. O que torna o Drest ainda mais realista é sua colaboração com mais de 250 marcas, entre elas grifes renomadas, como Gucci e Prada. Mais importante que isso, os usuários podem encomendar e adquirir produtos reais diretamente do jogo, integrando perfeitamente as experiências de moda virtual e real.

Programa de fidelidade gamificado

O modelo play-to-earn no metaverso serve de inspiração para as marcas engajarem clientes que precisam de um incentivo a mais. A marca pode lançar um programa de fidelidade que integre elementos de gamificação e recompensas. O cliente é incentivado a interagir com a marca por meio de experiências de game imersivas, ganhando brindes que podem ser resgatados no mundo real.

A Chipotle adotou esse conceito ao se aventurar no metaverso lançando o "Burrito Builder" no Roblox. Os jogadores são desafiados a enrolar burritos virtuais na loja on-line, que lembra o primeiro estabelecimento da Chipotle em Denver, evocando a nostalgia dos anos 1990. Como incentivo interessante, os primeiros 100 mil jogadores a concluir essa missão recebem uma moeda virtual, que pode ser trocada por comida no mundo real nos restaurantes físicos da Chipotle. Por meio dessa campanha, a Chipotle mescla efetivamente o modelo play-to-earn do metaverso com ativações no mundo real.

Outro bom exemplo é o Starbucks Odyssey, que lançou selos colecionáveis com tecnologia NFT que os clientes podem trocar por diversos produtos digitais e experiências físicas. Esse conceito inovador lembra o Rewards, famoso programa de fidelidade da Starbucks, mas incorpora a tecnologia NFT e experiências imersivas para proporcionar um toque único.

Além disso, o uso da tecnologia NFT permite que empresas e clientes cocriem e vendam produtos digitais. Essa é uma proposta de valor que repercute no subgrupo de nativos do metaverso motivados pela economia de criadores, intrínseca ao metaverso. As marcas que facilitam esse processo de cocriação têm a oportunidade de criar fortes vínculos com os clientes ativos.

A plataforma .SWOOSH, da Nike, exemplifica esse conceito, incentivando seus membros a se envolver em desafios dentro das comunidades e desenvolver em conjunto produtos virtuais, vinculados a NFTs, em parceria com a Nike. É uma oportunidade única para os usuários receberem royalties pela venda dos produtos digitais que ajudaram a criar. Ao adotar essa plataforma, a Nike revoluciona seu processo de design e, ao mesmo tempo, fortalece o relacionamento com os clientes que são criadores independentes. Ao facilitar a obtenção de renda, a plataforma dá aos criadores uma motivação prática para se envolver no metaverso.

Escolher a via de implementação mais adequada

No estudo de sua participação no metaverso, as marcas devem planejar cuidadosamente a melhor maneira de entrar nesse espaço virtual (Figura 10.5). O consumidor que encontra no metaverso uma marca conhecida vai enxergá-la como pioneira e inovadora, o que aumenta bastante suas expectativas. No entanto, no metaverso nem sempre "maior" significa "melhor". As marcas precisam adotar um tema exclusivo e distinto que as diferencie das experiências já existentes no metaverso.

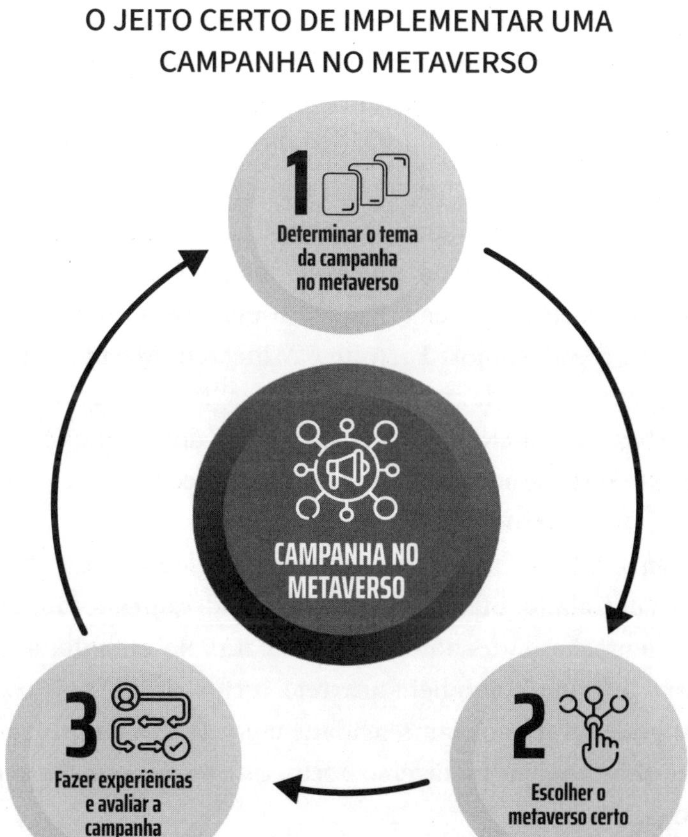

Figura 10.5 Como implementar o marketing no metaverso

A melhor maneira de as marcas conseguirem isso é mantendo o posicionamento e a narrativa do mundo real, de modo geral. Por exemplo, a Starbucks, conhecida por oferecer uma experiência de "terceiro lugar" e recompensar clientes fiéis, estende esse conceito à presença no metaverso. Da mesma forma, a The Home Depot, que se concentra nas atividades do tipo "faça você mesmo", cria ativações no metaverso que giram em torno desse tema central.

Também é preciso escolher o metaverso com muito critério. Existem vários metaversos disponíveis atualmente, e novos continuarão surgindo. Algumas marcas até criam o próprio metaverso, em escala menor. Os dois tipos – centralizado e descentralizado – oferecem recursos distintos que as marcas podem aproveitar.

Conforme vimos, hoje em dia os metaversos centralizados são a escolha mais popular, principalmente por não serem afetados pelos problemas de imagem associados aos NFTs e às criptomoedas. No entanto, são predominantemente voltados para as comunidades de gamers, pois costumam ser criados em plataformas de construção de mundos, como Roblox, Fortnite e Minecraft. Mesmo entre essas opções há diferenças de perfil dos usuários. Por exemplo, o Roblox tem uma base de usuários mais jovem, abaixo dos 16 anos em média, enquanto o Fortnite atrai um grupo demográfico um pouco mais velho, entre 18 e 24 anos.

Por outro lado, os metaversos descentralizados, como The Sandbox e Decentraland, oferecem funcionalidades aprimoradas graças à implementação da tecnologia blockchain. No entanto, a utilização dessa tecnologia também acarreta certos riscos, pois o cliente comum pode ter menos familiaridade com ela. Portanto, as marcas têm que selecionar o metaverso certo, que se encaixe no perfil de usuário desejado.

As empresas podem experimentar vários temas e metaversos, criando campanhas por tempo limitado para avaliar o interesse e a receptividade do público. A Gucci é um exemplo de marca que explora várias campanhas de metaverso. Primeiro lançou o Gucci Garden, espaço virtual temporário disponível por duas semanas no Roblox. Também organizou um evento de ativação de duas semanas no The Sandbox, chamado Gucci Vault Land. No fim das contas, firmou presença no Roblox, com um espaço chamado Gucci Town.

Para medir o sucesso da entrada no metaverso, as marcas podem levar em conta parâmetros como o número de usuários que participam da campanha, o crescimento da marca em termos de maior reconhecimento e percepção, e até mesmo a receita extra gerada. Depois de avaliar essas métricas e determinar o modelo ideal de ativações, as marcas podem estabelecer uma presença mais permanente no metaverso.

Resumo: Como explorar o engajamento de última geração

O metaverso é uma plataforma com potencial de cativar um público emergente: as gerações Z e Alfa. Para esses jovens, o metaverso tem vários significados: pode ser visto como um escapismo lúdico, um espaço para se conectar com outras pessoas, uma forma imersiva de e-commerce ou uma plataforma para criadores de conteúdo monetizarem suas criações digitais.

Se compreenderem as necessidades desse público, as marcas podem determinar a experiência ideal a ser oferecida no metaverso. Entre essas experiências podem estar itens colecionáveis de marca, publicidade experiencial, integração fluida do comércio on-line ao off-line e programas de fidelidade com elementos gamificados. As marcas devem experimentar e explorar alternativas até descobrir o modelo de implementação mais eficaz antes de destinar recursos mais vultosos ao marketing no metaverso.

PERGUNTAS PARA REFLEXÃO

- Quais seriam as vantagens e desvantagens do metaverso como plataforma para engajar as gerações Z e Alfa? Como você acha que as marcas devem lidar com essas questões para criar experiências significativas?
- Sua empresa está pensando em adotar o metaverso num estágio precoce de desenvolvimento ou prefere esperar o amadurecimento das plataformas antes de estabelecer presença nele?

Agradecimentos

Expressamos sincera gratidão à equipe de liderança da M Corp, pelo apoio valioso durante todo o processo de redação deste livro: Michael Hermawan, Jacky Mussry, Taufik, Vivie Jericho, Ence, Estania Rimadini e Yosanova Savitry.

Um agradecimento especial à equipe da Marketeers – Marthani, Sigit, Hafiz, Aji e Sanny –, que nos brindou com um conhecimento excepcional sobre marketing e uma tremenda competência para ilustrar o conteúdo do livro.

Também gostaríamos de agradecer à equipe editorial da Wiley – Deborah Schindlar, Victoria Savanh e Kelly Talbot –, pela incrível colaboração durante o desenvolvimento de *Marketing 6.0*.

CONHEÇA OS LIVROS DE PHILIP KOTLER

Marketing 4.0

Os 10 pecados mortais do marketing

Marketing 5.0

8 estratégias de marketing para crescer

Marketing empreendedor

Marketing 6.0

CONHEÇA ALGUNS DESTAQUES DE NOSSO CATÁLOGO

- Augusto Cury: Você é insubstituível (2,8 milhões de livros vendidos), Nunca desista de seus sonhos (2,7 milhões de livros vendidos) e O médico da emoção
- Dale Carnegie: Como fazer amigos e influenciar pessoas (16 milhões de livros vendidos) e Como evitar preocupações e começar a viver
- Brené Brown: A coragem de ser imperfeito – Como aceitar a própria vulnerabilidade e vencer a vergonha (900 mil livros vendidos)
- T. Harv Eker: Os segredos da mente milionária (3 milhões de livros vendidos)
- Gustavo Cerbasi: Casais inteligentes enriquecem juntos (1,2 milhão de livros vendidos) e Como organizar sua vida financeira
- Greg McKeown: Essencialismo – A disciplinada busca por menos (700 mil livros vendidos) e Sem esforço – Torne mais fácil o que é mais importante
- Haemin Sunim: As coisas que você só vê quando desacelera (700 mil livros vendidos) e Amor pelas coisas imperfeitas
- Ana Claudia Quintana Arantes: A morte é um dia que vale a pena viver (650 mil livros vendidos) e Pra vida toda valer a pena viver
- Ichiro Kishimi e Fumitake Koga: A coragem de não agradar – Como se libertar da opinião dos outros (350 mil livros vendidos)
- Simon Sinek: Comece pelo porquê (350 mil livros vendidos) e O jogo infinito
- Robert B. Cialdini: As armas da persuasão (500 mil livros vendidos)
- Eckhart Tolle: O poder do agora (1,2 milhão de livros vendidos)
- Edith Eva Eger: A bailarina de Auschwitz (600 mil livros vendidos)
- Cristina Núñez Pereira e Rafael R. Valcárcel: Emocionário – Um guia lúdico para lidar com as emoções (800 mil livros vendidos)
- Nizan Guanaes e Arthur Guerra: Você aguenta ser feliz? – Como cuidar da saúde mental e física para ter qualidade de vida
- Suhas Kshirsagar: Mude seus horários, mude sua vida – Como usar o relógio biológico para perder peso, reduzir o estresse e ter mais saúde e energia